Orpheline

MARIE-CLAUDE SAVARD

Orpheline

Une compagnie de Quebecor Media

Catalogage avant publication de Bibliothèque et Archives nationales du Québec
et Bibliothèque et Archives Canada

Savard, Marie-Claude, 1971-

Orpheline

ISBN 978-2-7648-0557-2

1. Savard, Marie-Claude, 1971- . 2. Mères et filles. 3. Parents malades en
phase terminale - Relations familiales. 4. Parents - Mort. I. Titre.

HQ755.86.S28 2011   306.874'3   C2011-941876-2

Édition : Johanne Guay
Révision linguistique : Carole Mills
Correction d'épreuves : Hélène Léveillé, Marie-Eve Gélinas, Pascale Jeanpierre
Couverture : Chantal Boyer
Grille graphique intérieure : Axel Pérez de León
Mise en pages : Hamid Aittouares
Photos de l'auteure : Julien Faugère

Remerciements
Nous reconnaissons l'aide financière du gouvernement du Canada par l'entremise
du Fonds du livre du Canada pour nos activités d'édition.
Nous remercions le Conseil des Arts du Canada et la Société de développement
des entreprises culturelles du Québec (SODEC) du soutien accordé à notre programme de publication.
Gouvernement du Québec – Programme de crédit d'impôt pour l'édition de livres
– gestion SODEC.

Les Éditions Libre Expression
Groupe Librex inc.
Une compagnie de Quebecor Media
La Tourelle
1055, boul. René-Lévesque Est
Bureau 800
Montréal (Québec) H2L 4S5
Tél. : 514 849-5259
Téléc. : 514 849-1388
www.edlibreexpression.com

Dépôt légal – Bibliothèque et Archives nationales du Québec et Bibliothèque et
Archives Canada, 2011

ISBN 978-2-7648-0557-2

Distribution au Canada
Messageries ADP
2315, rue de la Province
Longueuil (Québec) J4G 1G4
Tél. : 450 640-1234
Sans frais : 1 800 771-3022
www.messageries-adp.com

Diffusion hors Canada
Interforum
Immeuble Paryseine
3, allée de la Seine
F-94854 Ivry-sur-Seine Cedex
Tél. : 33 (0)1 49 59 10 10
www.interforum.fr

À tous ceux qui se sont aventurés dans la forêt
et qui ont trouvé le chemin du retour.

«L'enfance est un couteau planté dans la gorge,
on ne le retire pas facilement.»
Incendies, de WAJDI MOUAWAD

PRÉFACE

J e n'oublierai jamais cette conversation avec Louise,
la mère de Marie-Claude…

C'était à la fin de septembre, l'été s'étirait encore
comme s'il ne voulait pas disparaître dans le froid
et les premiers brins de neige d'octobre. Au bout du
fil, Louise me demande de l'aider. Elle me dit avoir
confiance en moi car je suis une très bonne amie
de Marie-Claude, et elle espère de tout cœur que
j'accepterai de l'amener à comprendre pourquoi
elle fait un cancer du poumon en phase 4. Ce fut
avec un plaisir immense que j'ai accepté.

Durant une année et demie, nous avons travaillé
si fort toutes les deux ! Même ses médecins trou-
vaient que c'était un miracle qu'elle ait pu se rendre
jusque-là. Louise était une femme forte, courageuse, et il était clair que son désir de vaincre ce
cancer allait être présent coûte que coûte. Malheu-
reusement, ce monstre a eu raison d'elle, son corps
étant trop fatigué.

Durant notre dernière conversation téléphonique, quelques jours avant son départ, elle res-
sentait la tristesse et la déception qui habitaient
ma voix. Entre de grandes inspirations et de fortes

toux, elle m'a dit : « Ma belle Marie Pauline, il ne faut pas t'en faire ! Tu as fait tout ce qu'il fallait. Tu m'as aidée à me rencontrer, à connaître et à apprivoiser l'enfant et l'adolescente que j'ai été. Grâce à toi, j'ai vu cette femme en moi et comment elle était belle, et je partirai le cœur plus léger... je sais maintenant qui je suis ! Et grâce à toutes ces libérations que j'ai faites avec toi, j'ai bouclé la boucle avec Marie-Claude, ma fille que j'aime tant ! »

Encore aujourd'hui, chaque jour je l'entends me dire tout bas à l'oreille : « Merci, Marie Pauline ! »

Pour moi, *Orpheline* est plus qu'un livre. C'est le dévoilement sans censure du cœur et de l'âme de l'auteure. Marie-Claude s'est mise à nu, elle s'est dévoilée dans ses peines, ses colères, ses responsabilités imposées, mais surtout elle a mis cartes sur table. Elle a joué le tout pour le tout ! Elle se livre ici entièrement et nous confirme que, dans ce petit bout de femme, il y a une déesse dotée d'une puissance qui ferait imploser tous les volcans du monde.

Marie-Claude nous fait prendre conscience à travers son histoire que nous sommes tous des orphelins ou des orphelines à un moment de notre vie ! Ce qu'il faut retenir, c'est que, quelle que soit la situation, il faut toujours garder espoir. C'est la force et le courage d'être qui nous sommes vraiment qui fera de nous des gagnants !

Merci d'être qui tu es, Marie-Claude, mon amie, ma belle lumière !

Marie Pauline Chassé n.d.

25 avril 2010

Il y a vingt jours, maman est décédée.

Je suis encore entre deux mondes, un pied dans la réalité, l'autre dans un état que je n'arrive pas à décrire, un peu gelée, anesthésiée, comme si je flottais au-dessus de ma vie. C'est un mécanisme de défense qui me permet de continuer à accomplir les gestes du quotidien sans me briser en mille morceaux. Ce n'est pas un état très agréable, mais au moins, ça me permet de mettre un pied devant l'autre, de sourire, parce que, après tout, je suis en nomination au vingt-cinquième gala Artis pour un cinquième trophée dans la catégorie des sports. Ça me permet aussi de répondre à tous ces gens qui me transmettent leurs condoléances.

Les mots de sympathie sont les plus difficiles à recevoir ce soir. Ils me font sortir de mon état de protection pendant un instant et laissent à nouveau entrer la douleur. La tristesse est comme une vague de nausée qui me rappelle le vide. Pourtant, j'ai peine à croire que maman est bel et bien morte. Je n'ai pas encore vraiment intégré son décès et, après l'expérience que je viens de vivre avec mon père, je sais qu'il me faudra du temps et pas mal de solitude pour y arriver. Ça ne se fera pas ce soir et, surtout, il ne faut pas. Je veux rester composée, je veux que mon bouclier tienne le coup. J'ai des photos à faire, des entrevues à donner, peut-être même un prix à recevoir sur la scène. Je retiens mon souffle, je retiens les larmes, je souris et j'avance, comme je le fais depuis presque deux ans.

Jusqu'à la dernière minute, je me suis laissé l'option de ne pas aller au gala. Se présenter en public vingt jours après un décès, c'est trop tôt. Tout ce que je veux faire dans le fond, c'est me coucher en boule, éteindre la sonnerie du téléphone et réapprendre à vivre en paix. Je n'ai pas le goût d'expliquer mon deuil, de parler de ma peine. Pour le moment, c'est la douleur physique que je ressens le plus. J'ai mal partout, j'ai des nausées et je me demande à quoi la vie ressemblera de l'autre côté. J'ai peur.

Au fond de moi, je ne ressemble en rien à la fille en robe de soie, chignon bien fixé, maquillage impeccable et bijoux scintillants. Les préoccupations de tout un chacun me semblent à des années-lumière de la vraie vie. Qui t'habille ce soir ? Comment va la saison de télé ? Prends-tu des vacances cet été ? Wow, que la vie peut être simple ! Les petites angoisses semblent tellement insignifiantes quand on vit un drame. La perspective change complètement et c'est vraiment frappant ce soir, en plein gala télévisé.

Une grande partie de moi souhaite simplement passer à travers. Je veux rester assise dans la salle et profiter un peu du spectacle. Un genre d'interlude. De toute façon, la plupart des gens ici ne savent rien de ce que je vis et c'est tant mieux. Je préfère être clouée dans la rangée cinq, que la catégorie des sports passe et que je reste assise. Ce soir, je préfère sincèrement que quelqu'un d'autre monte sur la scène pour accepter le trophée. J'ai peur de me retrouver vulnérable devant les caméras, devant des centaines de milliers de Québécois. Pourtant, je sais qu'ils sont avec moi. J'ai lu tous les courriels, tous les mots d'encouragement des téléspectateurs de *Salut Bonjour* et je sais que nous sommes tous unis dans cette douleur. J'ai dans mon cœur les histoires d'autres enfants uniques qui ont perdu coup sur coup leurs parents, de mères et de pères qui sont malades et qui s'apprêtent à laisser leurs enfants. De tous ceux et celles qui ont vécu ces grandes déchirures. Je sais qu'ils sont là, je les sens.

21 h 15
On présente les nommés dans la catégorie Animateur-animatrice d'émission de sports. Un à un, nous sourions à la caméra, Pierre Houde, Chantal Machabée, Michel Villeneuve, Jean Pagé et moi-même. Roulement de tambour… Réjean Tremblay et Sophie Prégent prononcent mon nom. Au moment de me lever, c'est comme si un champ protecteur s'installait autour de moi. Je me sens transportée. De manière totalement artificielle et extérieure à moi, une force me porte pour m'aider à rassembler mes idées, marcher vers la scène, prendre le trophée et parler. Appelez ça comme vous voulez, des anges, des guides, la mémoire de mes parents, peu importe. Je suis là debout, devant tous mes collègues, devant le Québec entier et je parle !

En fait, c'est mon cœur qui parle, pas ma raison. Ma tête m'a dit toute la journée de rester calme et composée. En ce moment précis, c'est la vérité qui sort. Celle qui a mal, celle qui a besoin de partager et de crier haut et fort que tout ne va pas bien, que rien n'est parfait, même sous les projecteurs. Celle qui m'apprend tranquillement à laisser tomber les masques et à entrer en communion avec les autres, dans la douleur comme dans la joie.

Me voilà devant le micro.

«Merci à tous! Je tiens d'abord à remercier Yvon Michel qui a eu l'idée de me jumeler avec un boxeur de sept pieds pour animer une émission de boxe. Je remercie aussi toute l'équipe de Groupe Yvon Michel, Alexandra Croft et Dino Marchitello. Je suis fière de remporter un trophée pour la boxe parce que je crois que c'est un milieu dont nous pouvons être fiers au Québec. Des athlètes de partout dans le monde viennent chez nous pour réaliser leur rêve de devenir champion du monde parce qu'ils savent que nous avons l'expertise nécessaire. C'est une grande fierté.»

Silence. Est-ce que j'en parle ou non? J'inspire à fond. Ma voix commence à trembler.

«Maintenant, j'ai des remerciements un peu particuliers à faire ce soir. Les derniers dix-huit mois de ma vie ont été un peu particuliers. Comme fille unique, j'ai perdu tour à tour mon père et ma mère. Ma mère a été très malade et j'ai dû passer beaucoup de temps avec elle, mes collègues et mes patrons ont donc dû être patients et compréhensifs à mon égard. Au fil des mois, j'ai découvert qu'il y avait beaucoup d'humanité et de solidarité dans le domaine des communications. Je tiens à remercier TVA, LCN, VOX, mes collègues de *Salut Bonjour* et plus récemment ceux de *La Série Montréal-Québec*. J'aimerais aussi remercier mon conjoint, Christian, qui est ma famille ici ce soir. Merci à vous tous du public qui m'avez envoyé des courriels, vous avez partagé vos peines avec moi et ça m'a beaucoup touchée. [*sanglots*] Surtout, je veux vous remercier de me permettre de monter sur la scène ce soir pour rendre hommage à ma mère [*sanglots et silence*] qui s'est battue jusqu'au bout contre le cancer. Je suis fière d'être ta fille, maman. À tous ceux qui sont touchés par la maladie, je suis de tout cœur avec vous ce soir. »

Ouf…

En coulisse, après coup, tout le monde a les yeux pleins d'eau. Première réaction pour moi : qu'est-ce que j'ai dit ? Pénélope McQuade m'accueille avec une caméra. J'ai la lumière en plein visage, je suis encore sous le choc. Tout le monde me tape dans le dos. Elle me demande comment je me sens. Je ne sais plus trop quoi répondre. Je me sens énervée, émue, perdue, contente que ça soit passé, fatiguée, stressée… Je ne sais plus. Vite il faut aller prendre des photos avec le trophée, *7 Jours, La Semaine, Écho Vedettes*. « Souris, Marie-Claude », « Tourne-toi ici », « Peux-tu lever le trophée, le serrer contre toi, l'embrasser ? »… Pas le temps de me recomposer, vite il faut aller à la salle de presse.

— Marie-Claude, quand ta mère est-elle morte ? De quoi exactement ?

— Ton père, il est décédé quand déjà ? Était-il malade ? Comment ça s'est passé ?

— Ton message aux gens qui souffrent et qui sont malades ?

— Marie-Claude, qu'est-ce que ça signifie pour toi de gagner aujourd'hui ? Sens-tu tes parents présents avec toi ?

— Peux-tu nous montrer ton trophée ? Vas-tu prendre des vacances ? Des projets futurs ?

Interlude ? Pas vraiment. Mais je sais qu'il me faudra faire face à toutes ces questions un jour ou l'autre. Demain, il y a *Salut Bonjour*, je dois être en forme et de bonne humeur. Dans quelques heures, mon discours ne sera qu'un vague souvenir, un sujet de conversation autour de la machine à café.

Pour moi, ce sera le début d'une nouvelle vie.

PREMIÈRE PARTIE

LE TREMBLEMENT
DE TERRE

1

J e me souviens de tous les moments de cette
matinée. Vers 1 h 30 du matin, je me réveille en
sursaut dans mon lit, je regarde le cadran. Nous
sommes dimanche. Je ne travaille pas cette nuit,
pas besoin de me lever à 2 h 45. Je souris de bonheur et me rendors. Je dois aller déjeuner chez mon
père plus tard ce matin.

Pourtant, il n'y a pas de quoi sourire ces temps-
ci. Depuis juin, son état de santé se détériore.
Nous sommes allés ensemble à Ogunquit dans le
Maine le 27 juin pour son soixantième anniversaire, et il était essoufflé. Un peu plus que d'habitude. Papa souffre d'emphysème depuis cinq ans. Il
a fumé deux paquets de cigarettes par jour pendant
la majeure partie de son adolescence et de sa vie
d'adulte. Épicurien par excellence, il a aussi beaucoup bu, à s'en rendre alcoolique. Il est sobre depuis
plusieurs années, mais il souffre quand même de
diabète. Pourtant, il continue à travailler très fort.
Il a sa compagnie de production avec un associé,
il gère de gros projets, de gros contrats, surtout ces
temps-ci. Des trucs corporatifs et gouvernemen-
taux. Son portable sonne sans arrêt, même sur la

plage. Il planifie un voyage en Gaspésie fin juillet pour se reposer. Il a réussi à se faire une vie autour des contraintes physiques. Il a suivi des cours pour apprendre à maximiser sa capacité pulmonaire. Il n'y a pas de remède contre l'emphysème. C'est une maladie dégénérative qui ne pardonne pas. Tout ce qu'on sait, c'est qu'un jour la bonbonne d'oxygène fera son entrée dans sa vie. Dans trois ou quatre ans peut-être, selon les médecins. Chaque cas est différent. Difficile à dire.

Il ne dit jamais ce qu'il ressent par rapport à cette maladie. Il ne m'a jamais parlé de détresse ou de frustration. Jean est un homme orgueilleux qui ne veut pas qu'on le prenne en pitié. Très peu de gens autour de lui sont au courant. Quand on le questionne, il répond toujours que tout va bien. Il faut dire que je ne suis pas du genre à lui poser des questions. Notre relation est à la fois proche et distante. Nous sommes proches parce que je suis sa fille unique et que nous partageons la même profession. Pour le reste, mon père a quitté la maison quand j'avais cinq ans et, jusqu'à ce que j'aie seize ans, il était dans les vapeurs d'alcool. Nous avons commencé à nous apprivoiser lorsque je suis devenue adulte et le poids de sa culpabilité de père et de mes frustrations d'enfant a toujours été comme un mur entre nous. Ce qu'il voit comme un départ forcé est pour moi un abandon, et cette relation a teinté toutes celles que j'ai eues avec les hommes par la suite. Avec les années, nous sommes quand même arrivés à nous rencontrer à mi-chemin et à développer une relation remplie de non-dits et de silences.

Le 27 juin 2008, nous sommes à Perkins Cove, la bouche pleine de homard, et la vie est belle. Papa ne parle pas de la maladie. Il ne se plaint jamais, organise sa vie seul, ne demande jamais d'aide. Je sais pourtant qu'il n'a pas été capable de jouer plus de deux ou trois fois au golf depuis le début de la belle saison et qu'il en souffre. Il a déjà dû abandonner sa passion pour la menuiserie, ne va plus très souvent à la pêche, ne mange plus de gâteau, ne boit plus de vin. Il blague souvent qu'il fait le party aux biscuits secs et à l'eau depuis quelques années. Je lui rappelle toujours en riant que les biscuits secs, c'est trop salé!

Au retour des vacances, sa toux devient plus grasse. Son médecin est en vacances. Ce n'est pas mon genre de me mêler de la vie de mon père, mais je m'inquiète. Au fond de moi je me suis toujours dit qu'à boire et fumer comme il l'a fait il récolte ce qu'il sème, mais ces temps-ci mon cœur s'est adouci et je commence à voir sa souffrance. À trente-sept ans, je commence à laisser aller les récriminations d'enfant et à laisser filtrer l'amour.

— Ne t'en fais pas, dit papa, si je sens une infection des bronches ou des poumons, j'ai une prescription d'antibiotiques en cas d'urgence.

L'été 2008 est chaud, il y a plusieurs épisodes de smog, le taux d'humidité se maintient à quatre-vingts pour cent, rien de bon pour quelqu'un qui souffre d'insuffisance respiratoire chronique.

Fin juillet, il part seul pour la Gaspésie. Je ne peux pas me joindre à lui comme il l'aurait souhaité, les Jeux olympiques de Beijing arrivent à grands pas. Je me dois d'être présente à *Salut Bonjour*. Mes obligations professionnelles sont souvent lourdes à porter et exigent énormément de sacrifices personnels. J'ai très peu d'énergie pour mes proches. Pauvre papa, il pleut des cordes en Gaspésie pendant deux semaines. Il fait froid. Je l'appelle tous les jours. Souvent, je le trouve somnolent au téléphone et franchement de mauvaise humeur, ce qui n'est pourtant pas du tout son genre. Nous avons tous les deux hérité de cette capacité d'être jovial, peu importe ce que la vie nous envoie. Pour que mon père soit de mauvaise humeur, il faut qu'il se sente vraiment mal. Il se dit tellement fatigué. Je lui conseille de profiter du mauvais temps pour lire et dormir, ce qu'il semble faire. Une semaine avant la date prévue de son retour, il m'appelle pour me dire qu'il prend la route. Il en a assez.

À son retour, mon chum et moi lui proposons un souper dans son restaurant italien favori. C'est un homme mal en point que nous retrouvons. Il est essoufflé, échevelé, n'a pas d'appétit et bougonne comme jamais.

— Non, non, tout va bien. Je suis stressé au travail. Je voulais prendre du soleil en Gaspésie. Il a plu. Je me sens encore un peu fatigué. Dès que le médecin revient de vacances je vais le voir, mais il n'y a rien d'inquiétant, dit-il d'un ton impatient et peu convaincant.

C'est à peine s'il prend une bouchée de son repas. Il a les sourcils froncés en permanence et son visage est crispé.

Dans la voiture au retour, mon conjoint, qui a perdu son père, sa mère et ses grands-parents avant l'âge de vingt-cinq ans, me confie :

— Ton père va très mal, Marie-Claude, j'ai peur qu'il ne passe pas la fin de semaine, au mieux, il se rend jusqu'à l'Halloween.

À ce moment précis, ça me semble la déclaration la plus loufoque au monde. Papa ne va pas bien, c'est évident, mais il souffre d'une maladie dégénérative lente. Il vit avec sa maladie depuis cinq ans, pourtant j'en suis vraiment consciente depuis seulement quelques semaines tellement il a l'habitude de faire comme si de rien n'était. Il a peut-être atteint un nouveau plateau, il y a peut-être des ajustements de médicaments à faire, des soins à recevoir, mais mourir ? Non, voyons. La mort ne fait pas partie d'une réalité rapprochée ! Je suis conditionnée depuis des années à mettre des sous de côté pour prendre en charge ses soins de santé éventuellement, d'après la recommandation des médecins. Ils savent de quoi ils parlent ! Mon cerveau de fille unique n'est pas prêt à laisser entrer la possibilité de perdre un de mes parents. Malgré la complexité et parfois la lourdeur de mes relations familiales, ce sont elles qui me définissent depuis toujours. Comme enfant unique, mon univers entier tourne autour de mes parents et vice versa. Qui est Marie-Claude ? La fille de Jean Savard et de Louise Myrand. Quelles sont mes responsabilités dans la vie ? En tout premier lieu, être un soutien pour mes parents. Soutien financier pour ma mère, soutien affectif pour mon père. Ce n'est certainement pas normal, ni sain, mais c'est le fondement même de ma réalité.

— Non, je comprends ton inquiétude, mais mon père est fait fort. C'est un battant. Il n'est pas près de nous quitter.

Fin de la discussion.

Le mardi suivant, vers midi, je suis en pleine peinture dans le sous-sol à la maison. Le téléphone sonne, c'est le médecin de mon père.

— Marie-Claude, j'ai devant moi ton père. Il est en très mauvais état. Il faut qu'il entre d'urgence à l'hôpital. Il doit absolument y aller avant la fin de la journée, je te le passe.

— Salut, Ti-cul, ç'a l'air que je ne vais pas bien. Écoute, je ne veux pas laisser ma voiture dans le stationnement de l'Institut thoracique en plein centre-ville, ça coûte trop cher. Est-ce que je peux passer chez vous dans quinze minutes, tu prends ma voiture, tu viens me reconduire ? Tu garderas l'auto pendant mon séjour, ça ne devrait pas être long, deux jours gros maximum.

— Bien sûr ! Mais es-tu certain d'être en état de conduire jusqu'ici ? Veux-tu que je prenne un taxi jusqu'au bureau du médecin ?

— Ben voyons donc !

Vingt minutes plus tard, le voilà devant la maison. Je le suis dans mes vêtements de peinture, les mains sales. Ce n'est qu'une formalité après tout. Un tout petit *lift* pour une mise au point. C'est ça, non, papa ? Qu'est-ce qu'il t'a dit le médecin ? Impossible de le savoir. Tout va bien, me dit-il, un peu fatigué, plus de difficulté à respirer que d'habitude, mais rien de catastrophique.

Une fois à l'Institut thoracique de Montréal, rue Saint-Urbain, mon père veut que je le laisse entrer seul et que je retourne à mes travaux à la maison. Je décide quand même de stationner la voiture, histoire de m'assurer qu'il est entre de bonnes mains et que tout ne va, comme il le dit, pas si mal. Dès son arrivée, nous sommes envoyés d'urgence au cinquième étage. Tout de go, on le branche sur l'oxygène. Sa saturation est basse, ce qui veut dire qu'il respire très mal. En fait, les médecins me disent qu'il ne va pas bien du tout. Qu'il a trop poussé, trop attendu avant de venir à l'hôpital, qu'il faudra quelques jours pour l'oxygéner adéquatement, lui faire subir des examens et voir ensuite la marche à suivre.

Quelques jours…

Mon père n'a pas apporté de sac, il n'a pas ses pantoufles, pas de brosse à dents. Je lui propose donc d'aller chez lui chercher des trucs. Il ne veut rien entendre.

— Faut que t'ailles te coucher bientôt, tu travailles demain. Tu vas être prise dans le trafic à cette heure-ci pour te rendre à Ville d'Anjou. Prends ma carte de crédit et va m'acheter des affaires.

Il ne veut pas payer de stationnement au centreville pour quelques jours, mais il me donne sa carte de crédit pour que j'achète une robe de chambre, des pantoufles et un nécessaire de toilette plutôt que de me donner les clefs de son appartement… Étrange. J'accède finalement à sa demande, ce n'est pas le temps de le contrarier et, après tout, c'est un adulte.

Les deux jours passent, puis ce sont trois et quatre jours. Il passe des examens, je ne sais pas trop ce qu'on lui dit. Difficile de voir un médecin, et mon père parle peu. Sa bonne humeur est revenue par magie, il me dit de ne pas m'inquiéter. Son plus gros tracas est de s'assurer que sa femme de ménage viendra bien chez lui et que je pourrai la joindre pour lui donner des sous.

Le vendredi 18 août, il est clair que papa passera le week-end à l'hôpital, je me rends donc finalement chez lui pour rencontrer la femme de ménage. Louise, qui travaille chez lui depuis quinze ans, m'avoue qu'elle a trouvé son appartement en piètre état. Il y avait de la nourriture partout, rien n'avait été ramassé depuis deux semaines. Selon elle, ce n'est pas du tout son genre. Il devait vraiment mal aller avant de se retrouver à l'hôpital. Elle est inquiète.

Moi aussi. Voilà pourquoi il ne me voulait pas chez lui en début de semaine. Mon père ne me dit pas tout.

Le lendemain, son médecin de famille m'appelle pour prendre des nouvelles. C'est à ce moment-là qu'il me confie que Jean était vraiment en mauvaise posture lorsqu'il s'est retrouvé dans son bureau le mardi précédent. Son état s'est détérioré, ses poumons sont encore plus usés que d'ordinaire, bref, ça ne sent pas bon.

C'est à ce moment que je choisis de me rendre à l'hôpital sans prévenir. J'attends au poste de garde jusqu'à ce qu'on me donne des infos. Un infirmier affecté aux soins de mon père me prend à part et me révèle qu'il y a eu un incident en matinée, une chute de tension, un problème avec l'oxygène, et qu'il a failli y laisser sa peau. Pour la première fois, la gravité de la situation me frappe en plein visage.

Sans paniquer, je vais parler sérieusement avec mon père. C'est là qu'il m'apprend que sa vie ne sera plus jamais la même et que, lorsqu'il obtiendra son congé dans quelques jours, il devra être branché plusieurs heures par jour à une bon- bonne d'oxygène.

Nous y voilà.

En fin de journée, son médecin m'assure qu'il ne s'agit pas d'une catastrophe, que dans son état ce n'était qu'une question de temps, mais qu'il a encore de belles années devant lui. Mon père m'affirme aussi qu'il est prêt à composer avec cette nouvelle réalité.

— C'est pas la fin du monde, Ti-cul. J'aime mieux me brancher quelques heures par jour sur l'oxygène à la maison pour avoir une meilleure qualité de vie pendant plusieurs heures dans la journée. Je commençais à en arracher pas mal ces derniers temps. Ça va m'aider.

— Si tu le dis... Mais si ça te fait paniquer, j'aimerais mieux qu'on en parle, papa. On n'est pas ici pour faire semblant. Je suis là, si t'as le goût de te vider le cœur.

— As-tu apporté des mots croisés?

Bon vieux Jean.

On est samedi, le 22 août, une semaine à peine après le souper au resto. Papa sort de l'hôpital mercredi, il me faut donc coordonner l'installation de l'oxygène chez lui avant son retour. C'est une opération plus complexe qu'on pense. Il faut une machine électrique et une bonbonne au gaz en cas de panne. Hydro-Québec doit être prévenu, une longue panne pourrait lui coûter la vie, il faut donc aviser la compagnie. Un écriteau doit être placé sur les fenêtres pour avertir tout visiteur de ne pas entrer avec une cigarette allumée ou une flamme. Il y a des risques de feu et d'explosion. Son propriétaire doit aussi être mis au courant ainsi que sa compagnie d'assurances.

La responsable du service à domicile de l'hôpital Maisonneuve-Rosemont est des plus accommodantes, et gentille de surcroît. Elle m'assure que c'est pratique courante, que bien des gens vivent avec ces machines. Que si mon père en sent le besoin, ils peuvent même en installer une à son bureau pour qu'il soit plus à l'aise.

Il n'en reste pas moins que mon père a seulement soixante ans. Il est fier et indépendant. Le voilà maintenant tributaire d'une machine. Chez lui, il se promènera au bout d'un fil à oxygène. Un fil qui peut être tordu, sectionné, débranché. C'est énorme comme changement de vie et ça se passe tellement vite.

L'après-midi du mardi 25 août, je suis assise dans son petit appartement de Ville d'Anjou, dans le salon. Je ne vais pas souvent chez lui. Depuis des années, il vient à la maison, ou il aime sortir. Je découvre donc un peu son univers. Mes parents se sont séparés quand j'avais cinq ans, ont divorcé officiellement quand j'en avais six, et j'ai toujours habité chez ma mère. Mon père n'a jamais été un livre ouvert, plutôt un homme renfermé qui cache ses sentiments sous un extérieur jovial et sympathique.

Me voilà donc seule chez lui pour la première fois. Je suis assise dans un fauteuil qu'il a construit de ses mains avant d'être trop malade pour faire de la menuiserie. Devant moi, il y a des revues de golf, un peu plus loin un bureau qui sert à confectionner des mouches pour la pêche. Plus de pêche non plus pour lui, plus de menuiserie, plus de golf. Étrangement, je sens que je découvre un homme que je ne connais pas, j'entre en contact avec sa réalité pour la première fois. Comme si je ne voulais pas voir tout ça avant, ou peut-être voulait-il me le cacher. Je ne sais plus. Tout ce que je sais, c'est que la réalité me frappe de plein fouet et que je n'ai plus le luxe de faire semblant. Je reste assise de longues minutes à absorber ce qui arrive et mon instinct me dit que je suis à la lisière entre la vie telle qu'elle était il y a encore quelques jours et un vaste inconnu devant moi. J'ai le sentiment que tout bascule et que je suis au ralenti entre les deux.

Je pleure tranquillement.

Voyant un signe de vie dans la fenêtre, son grand ami et voisin Jacques sonne à la porte pour me demander des nouvelles. Il me raconte sa version de la vie de mon père, ses difficultés récentes à respirer. Jamais je n'avais pris conscience de l'ampleur de sa solitude. Il m'a fallu parler à un voisin pour le réaliser. Il y a cinq ans, sa dernière relation amoureuse avec une femme qu'il a fréquentée pendant plus de vingt ans s'est terminée brusquement. Il s'est retrouvé dans une situation économique précaire et a dû louer ce petit demi-sous-sol à Ville d'Anjou. Pour un grand réalisateur de télévision, mon père mène une vie modeste et solitaire. C'est donc son voisin qui a été témoin de la détérioration de sa santé. Il m'avait d'ailleurs envoyé un courriel sur le site internet de *Salut Bonjour* avant que mon père parte en Gaspésie. Évidemment, il m'avait répété de ne pas m'inquiéter, que tout était sous contrôle.

Cet après-midi-là, Jacques et moi avons pleuré ensemble en parlant de lui. Je me suis sentie incroyablement coupable. Comment se fait-il que je n'aie rien vu ? Est-ce que je suis à ce point absorbée par ma petite vie ? Moi qui avais toujours eu l'impression d'avoir été abandonnée par mon père, l'avais-je abandonné dans ses moments difficiles ? Voilà les rôles complètement renversés. Pour la première fois, je ne vois plus mon père avec mes yeux d'enfant blessée ou d'adulte qui juge mais avec ceux de l'amour et de la compassion. Ce sont des yeux qui font souvent plus mal que les autres.

Le lendemain, papa obtient son congé, à temps pour le long week-end de la Fête du travail, et je me dis que j'ai une seconde chance. Lui aussi a dans l'idée de rattraper le temps perdu, mais très différemment ! Il veut passer au bureau chercher des dossiers pour se remettre à jour. Il tient aussi à saluer ses collègues, à leur montrer que tout va mieux, il planifie même une réunion chez lui pour la semaine suivante.

Son associé Claude Bédard lui apporte fièrement une boîte avec un nouvel iPhone. Mon père est impatient de jouer avec. Je me rends compte que nous sommes tous absorbés par les détails de notre vie quotidienne et je me dis que j'ai probablement trop dramatisé la veille.

De retour à la maison, c'est le sourire aux lèvres qu'il se familiarise avec ses deux nouvelles machines. L'oxygène et l'iPhone ! Je lui explique le mode d'emploi de la plus importante des deux machines en version simplifiée, en insistant sur le fait qu'il aura tout le temps de l'apprivoiser à son aise. Il place son fil d'oxygène dans ses narines l'air résigné. Le moteur de la machine fait un boucan d'enfer dans son petit appartement.

— Pas grave! me dit-il, je suis heureux d'être à la maison et tu vas voir, tout va bien aller.

De toute façon, ce qui l'intéresse, c'est le téléphone. Il faut le programmer, l'explorer. Je me dis que c'est bon de le voir s'intéresser à l'avenir.

Je m'occupe d'aller remplir ses ordonnances, de lui faire une grosse épicerie et d'aller lui chercher des mets vietnamiens à son resto favori. Je gare sa voiture remplie d'essence devant la maison. Car il souhaite aller faire une promenade plus tard. Je lui recommande plutôt de se reposer comme il faut, de lire la documentation sur l'oxygène, de prendre les choses une à la fois et surtout de ne pas s'en faire. Je lui promets qu'à deux nous saurons nous adapter et que je suis là pour lui. Je lui assure aussi que mes journées lui appartiennent tant qu'il a besoin de moi et que je serai chez lui tous les jours s'il le faut.

Je sens chez lui le plus grand des malaises. Il ne veut pas dépendre de sa fille. Il se sent coupable, ne veut pas être un poids parce qu'il sait que ma mère a toujours pesé lourd sur mes épaules. Il a pris ses jambes à son cou en 1977, quand moi j'ai dû rester en arrière et gérer les émotions et les états d'âme de ma mère. Il m'a laissée en mauvaise posture, c'est clair, mais nous n'en avons jamais parlé ouvertement. Il se sent coupable, je sais pourquoi, mais on garde le silence. Il ne s'est pas toujours senti à la hauteur comme père, surtout pendant mes crises d'adolescence. Notre histoire est tellement compliquée. Aujourd'hui, je voudrais qu'il se pardonne et qu'il me laisse m'occuper de lui. Je me dis que nous avons encore du temps pour y arriver. À commencer par demain.

Le lendemain arrive vite et la journée passe à la vitesse de l'éclair. Visite de l'infirmière, du technicien pour la bonbonne d'oxygène, mille et une instructions : ce qu'il faut faire et ne pas faire. Quand s'inquiéter, quand se calmer. Même pour moi, c'est beaucoup de choses à assimiler. Dans la journée, je file lui chercher des revues et de la lecture. Je lui rapporte le magazine *La Semaine* à l'intérieur duquel se trouve une entrevue que j'ai accordée à Marie-Pier Charron. Une entrevue plus personnelle sur mon cheminement de vie, mes croyances, le travail que j'ai fait ces dernières années sur moi-même.

Le vendredi 29 août, après *Salut Bonjour*, c'est un homme serein et reposé que je retrouve en robe de chambre au bout de sa machine. Il est assis à sa table de salle à manger, le journal ouvert, l'air heureux.

— Je suis content d'avoir lu ton entrevue dans *La Semaine*. On ne se parle pas beaucoup des choses importantes, des fois. Ça me fait plaisir de voir ce que tu as réussi dans la vie. Pas juste ta carrière, mais la femme que tu deviens. C'est impressionnant de te voir aller, Marie-Claude, sincèrement. Tu es une femme courageuse, t'as du *guts*, Ti-cul, je t'admire tous les jours.

J'ai les larmes aux yeux. Jamais mon père ne m'a parlé comme ça.

— Merci, papa. Je suis contente que ça te rassure. Moi aussi, je t'admire d'avoir changé ta vie, d'avoir arrêté de boire. Toi aussi, tu es courageux. On a ça en commun. On est faits forts, les Savard !

On rit ensemble.

— Tu sais, papa, je pense qu'il est grand temps de laisser le passé derrière, et j'ai compris et accepté bien des choses depuis quelques années. Je me sens beaucoup mieux aujourd'hui. Tu n'as plus à t'inquiéter à mon sujet.

— Qu'est-ce que tu veux faire dans les prochaines années ?

— Je ne sais pas encore. Pour le moment, je me contente de travailler à trouver la paix et le bonheur, l'équilibre. C'est ma seule ambition personnelle. La vie professionnelle, ça va toujours bien, j'aime ce que je fais, j'ai de la reconnaissance et du succès.

— Et les enfants ? me demande-t-il.

— Pas tout de suite, papa. J'ai eu beaucoup de responsabilités très jeune, j'ai besoin de respirer. On verra.

— Es-tu enceinte ?

— Non papa, je ne suis pas enceinte.

C'est sur cette note qui le laisse songeur que je le quitte pour la soirée. Moi aussi ça me laisse songeuse. Des enfants ? J'en ai deux, un de soixante ans, l'autre de cinquante-huit. Il me semble que c'est suffisant.

Le samedi 30 août au matin, c'est un autre homme que je retrouve chez lui pour le lunch. Échevelé et tremblotant, il a l'air de souffrir. Il a les lèvres bleues, sa main droite tremble comme une feuille en automne. Je regarde la liste des symptômes que son infirmière m'a laissée sur une feuille de papier en vue du long week-end et je trouve qu'il les a tous. Il est somnolent, me semble affaibli, sa respiration est bruyante. L'infirmière m'avait dit que ces symptômes sont de mauvais augure et que, s'il en présentait plusieurs en même temps, mieux valait l'emmener à l'hôpital.

— Papa, je pense qu'il faut aller à l'urgence.

Rien à faire, il ne veut pas y aller. Je lui demande alors de téléphoner au service d'inhalothérapie de l'hôpital Maisonneuve-Rosemont pour décrire ses symptômes. L'infirmière ne viendra lui rendre visite que mardi, après le long congé, mais il peut toujours demander de l'aide au téléphone. Je l'entends décrire ses symptômes pendant de longues minutes et, tout d'un coup, il me tend le téléphone.

— Ne vous inquiétez pas trop, madame Savard. Il est normal que votre père passe par des hauts et des bas. Il était en mauvais état lors de son hospitalisation. Nous avons ajusté sa prescription d'oxygène vendredi, rien ne peut lui arriver d'ici mardi lorsqu'il recevra la visite de son inhalothérapeute. L'amener à l'urgence par une fin de semaine de Fête du travail comporte plus de risques pour lui que de le laisser à la maison. Il sera dans un corridor avec d'autres malades. Son système immunitaire n'est pas à son meilleur. Faites-lui confiance, il veut rester chez lui, me dit-elle.

Ce sont des mots qui vont rester à jamais gravés dans ma mémoire. Mon père me demande alors de le laisser se reposer. Il veut dormir et regarder ensuite le golf en paix.

— Ce n'est pas une vie d'avoir quelqu'un qui s'inquiète sans arrêt à côté de moi. Va faire tes affaires, on se verra demain, lance-t-il avec impatience.

— As-tu tout ce qu'il te faut ?

— Oui, oui, ne t'en fais pas, tu m'as acheté assez de mets surgelés pour un an. Je ne peux même plus ouvrir le congélateur !

— OK. Je m'en vais, mais je vais t'appeler toutes les deux heures alors tu gardes ton portable et ton téléphone sans fil dans ta poche de robe de chambre en tout temps, d'accord ?

— Allez, dehors mère poule, va profiter du beau temps !

Il est 13 heures.

Vers 15 heures, je suis de retour à la maison à l'autre bout de la ville. Je téléphone chez lui, pas de réponse. Une autre fois, pas de réponse. J'attends quinze minutes, j'essaie à nouveau, pas de réponse. Une des conséquences de l'insuffisance respiratoire est l'intoxication au monoxyde de carbone. Les poumons ne sont plus en mesure d'expulser de CO_2 et le patient peut simplement mourir dans son sommeil.

Après un autre quart d'heure sans réponse, je commence à paniquer. J'habite à quarante minutes de chez mon père sans trafic. Est-ce que j'envoie une ambulance ? J'appelle au service d'urgence de l'hôpital, on me dit de me rendre là-bas le plus rapidement possible et de les aviser une fois sur place. Pour compliquer les choses, l'autoroute Décarie est congestionnée, il y a un accident à la hauteur de la sortie Jean-Talon, je suis prise dans un embouteillage, le cœur va me sortir de la poitrine.

À court d'idées, j'appelle ma mère. Louise est en pleine forme et passe la majeure partie de ses week-ends à la campagne. Elle voit mon père une fois par an, à Noël, et c'est à peine s'ils se parlent. Elle ne sait pas où il habite. Ils n'ont aucun contact.

Par chance, elle est chez elle cet après-midi. Je lui donne l'adresse de son ex-mari, en lui demandant de prendre un autre chemin et de s'y rendre le plus rapidement possible. C'est une question de vie ou de mort, j'en suis persuadée.

C'est finalement moi qui arrive sur place la première. J'entre dans l'appartement en trombe pour trouver mon père tranquillement assis dans son fauteuil en train de regarder le golf.

— Veux-tu ben me dire qu'est-ce que tu fais là ? me dit mon père.

— J'essaie d'appeler depuis une heure, tu ne réponds pas. Je suis au bord de la crise de nerfs. POURQUOI NE RÉPONDS-TU PAS AU TÉLÉPHONE ?

C'est rare que ça m'arrive, mais là je suis carrément hystérique.

— JE L'ENTENDS PAS LE TÉLÉPHONE AVEC LE VACARME DE LA CRISS DE MACHINE ! me crie mon père.

Soudain, on sonne à la porte…

— Papa, attache ta robe de chambre comme il faut, c'est maman.

— Quoi ? Ta mère est ici ! Mais voyons donc, Marie-Claude ! Ta mère est ici ?

Il a les yeux ronds comme des billes.

— Désolée, papa, je ne pouvais pas rester comme ça à rien faire, j'étais prise dans le trafic, je l'ai appelée au secours, je suis vraiment désolée.

— Sacrament…

On se croirait dans une pièce de théâtre d'été. J'ouvre la porte à ma mère, qui me regarde au fond des yeux pour voir si tout va bien. Je lui fais oui de la tête.

— Allez, entre. Pas besoin d'avoir peur, je ne mords pas.

Pour la première fois depuis mon enfance, mon père et ma mère sont réunis avec moi, dans la même pièce, sans occasion spéciale, et ils se parlent. Je me rends compte que c'est la première fois que nous sommes tous les trois seuls depuis que mon père a quitté la maison il y a trente-deux ans. Ça fait du bien.

Mon père fait faire le tour du propriétaire à ma mère en lui parlant des meubles qu'il a construits, des antiquités auxquelles il est attaché. Il lui montre sa collection de mouches de pêche. Je fais du thé et on s'assoit tous ensemble autour de la table de la salle à manger. Mon père raconte ses déboires à ma mère en lui expliquant que c'est une adaptation majeure pour lui mais qu'il prend ça au jour le jour. Je lui demande comment il se sent et il me répond :

— Ne t'en fais pas, Marie-Claude, c'est plus confortable qu'on pense. Je suis bien, je vais bien.

Pourtant il tremble encore, il a l'air un peu hagard et somnolent à la fois.

— Papa, j'ai un mauvais *feeling*.

— Comment ça, un mauvais *feeling* ?

— Je ne sais pas comment te l'expliquer, mais quelque chose me dit que tout ne tourne pas rond. J'aimerais qu'on t'emmène à l'hôpital.

— Louise, dis à ta fille de se calmer. Je ne veux pas aller à l'hôpital. C'est un long week-end, je vais passer des heures dans le corridor. L'infirmière vient me voir dans deux jours. J'aime mieux rester ici. Je vais prendre ça relax. Je suis branché sur l'oxygène ici, comme si j'étais à l'hôpital.

— Et les tremblements, c'est quoi ça ? Et ta respiration bruyante, ce n'est pas normal avec l'oxygène.

C'est ma mère qui tranche finalement.

— Jean, il faut que tu répondes au téléphone quand ta fille t'appelle. Elle a la responsabilité de tes soins en fin de semaine. C'est la première fois pour elle, c'est normal qu'elle s'inquiète. Tout le monde va s'habituer, mais en attendant, soyons proactifs. Il faut que tu promettes de le dire si ça ne va pas. Marie-Claude a peur parce qu'elle croit que tu ne lui dis pas tout. Il faut que tu t'engages à être plus ouvert sur tes symptômes.

Elle se retourne vers moi.

— Marie-Claude, ton père est un adulte. Il ne veut pas aller à l'hôpital, il faut que tu le respectes dans son choix. Arrête de paniquer.

— Bon, est-ce que je peux retourner au golf maintenant ? dit mon père en riant.

C'est à contrecœur que je me lève finalement, je le regarde bien en face et lui dis :

— Je te fous la paix ce soir. Demain matin je suis ici à 9 heures avec des croissants et du café. On déjeune ensemble, que ça te fasse plaisir ou non.

Il me demande de lui apporter de la salade de fruits et des journaux.

Sur le pas de la porte, mon père salue ma mère. Puis, je le prends dans mes bras :

— Je t'aime, papa.

Je le serre fort, il garde les bras le long du corps. Il est mal à l'aise.

— Moi aussi, Ti-cul…

— Demain, 9 heures, je suis ici, c'est clair? S'il y a quelque chose, TU APPELLES et surtout TU RÉPONDS AU TÉLÉPHONE!

Une fois dehors, devant nos voitures, je demande à nouveau à ma mère si c'est responsable de le laisser comme ça chez lui.

— Comment tu le trouves?

— Il sort de l'hôpital, il n'est pas à son mieux, c'est certain, mais il faut que tu l'écoutes, Marie-Claude. C'est sa vie, sa décision. Il t'a dit que c'est confortable. Il est à l'aise avec sa décision, c'est ça que ça veut dire. Respecte-le dans ses choix. C'est la seule chose que tu puisses faire.

Nous partons chacune de notre côté. Elle me fait promettre de lui donner des nouvelles le lendemain.

Lorsque mon conjoint rentre du boulot et que je lui raconte ma journée, il se bidonne en imaginant mon père en robe de chambre qui rencontre ma mère dans son salon. On en rit un bon coup.

2

Vers 7 heures je suis debout, habillée, prête à aller chez mon père. J'ai une drôle de sensation. Je suis hypercalme, plus que d'habitude, mais je suis anxieuse aussi. Je n'arrive pas à décrire le sentiment, la seule chose que je sais, c'est qu'une partie de moi veut courir chez mon père et l'autre se retient.

Je suis drôlement en avance sur le programme. Vers 8 heures, dans le stationnement de l'épicerie, je l'appelle une première fois.

Pas de réponse.

Il est sûrement dans la douche. Il n'entend peut-être pas le téléphone. Je reste calme. Je me le suis assez fait dire hier.

Une fois à l'intérieur de l'épicerie, je trouve sa salade de fruits préférée, je lui prends quelques yogourts en prime, des croissants, un café *latte*, les journaux. Il est 8 h 20. J'appelle à nouveau pour lui demander s'il veut autre chose.

Pas de réponse.

Je refais le tour de l'épicerie. S'il est dans la douche, je ne veux pas le surprendre. Je veux lui laisser le temps de se préparer à mon arrivée. J'appelle une nouvelle fois.

Pas de réponse.

De toute façon, je l'ai bien prévenu que je serais là à 9 heures. Je m'en vais donc chez lui. Devant l'appartement, je remarque que les lumières sont allumées. Pourtant, il fait soleil. La porte est déverrouillée. La main sur la poignée, j'ai une grosse boule dans l'estomac et le cœur dans la gorge. Quelque chose ne va pas. C'est clair. Je me sens au ralenti comme dans un film. Je bouge très lentement et la sensation à l'intérieur de mon ventre s'intensifie. C'est une panique contrôlée. À l'intérieur, je pose les sacs sur la table. Il y a de la nourriture par terre. Un plat surgelé à moitié renversé. La porte du four à micro-ondes est ouverte.

La machine d'oxygène fait son boucan d'enfer. Personne dans la salle de bains, la douche est sèche. La porte de la chambre à coucher est ouverte.

Je reste gelée dans le cadre de porte.

— Papa !

— PAPA, C'EST MOI !

— Papa ? Papa ?

Je m'avance tranquillement vers le lit. Je le vois couché sur le côté en position fœtale. Le fil d'oxygène est sur la couverture mais pas dans son nez.

— PAPA !

Je m'approche et, avant même de le toucher, je sais. Je ne veux pas m'en rendre compte. Je commence à le secouer. Il est raide.

Oh mon Dieu, NON, NON, NON !

Ce n'est pas vrai. J'ai une boule de panique épouvantable dans le ventre. J'ai encore l'impression d'être dans un film au ralenti.

Je m'approche de son visage, il est bleu.

Pourtant, il a un air reposé. Je ne me souviens pas d'avoir vu son visage si détendu. Est-ce qu'il sourit ? Oui, il a un petit sourire.

Je me mets à trembler. Je cherche frénétiquement le téléphone.

911.

— Comment puis-je vous aider ?

— Mon père est mort dans son lit. Je viens de le trouver.

C'est surréaliste. Je m'entends parler. Je lui donne l'adresse, je lui donne l'adresse encore une fois, ma voix tremble. Je tente désespérément de rester calme et composée.

— S'il vous plaît, envoyez-moi une ambulance rapidement.

Tout ce que je veux, c'est raccrocher.

— Restez en ligne, madame. Pouvez-vous le tourner sur le dos ?

On me demande de le toucher ? Mon sang-froid prend le bord et je sens la panique m'envahir. Je crie que je ne peux pas, que mon père est mort devant moi et que j'ai besoin qu'on m'envoie de l'aide.

— Madame, pouvez-vous le tourner sur le dos ? me répète le téléphoniste.

— Il est mort, je vous dis, crispé sur le côté ! Je ne peux pas le toucher. C'est MON PÈRE, COMPRENEZ-VOUS MA DÉTRESSE ?

— Madame, TOURNEZ-LE SUR LE DOS.

OK, OK. Sur le dos. Je le touche en tremblant et je pleure en même temps. J'ai l'impression de violer son intimité. J'arrive finalement à pousser son épaule pour le retourner. Tout ce que je veux c'est sortir de là et partir en courant. Oublier tout ce qui vient de se passer. Je commence à étouffer.

— Madame, êtes-vous là ?

— Oui, monsieur. ENVOYEZ-MOI DE L'AIDE, je vous en supplie, je suis au bord de la crise de nerfs ici.

— Madame, pouvez-vous lui faire un massage cardiaque et lui faire le bouche-à-bouche ?

Il pense qu'il est vivant. Il est peut-être vivant. Qu'est-ce que j'en sais, moi, de la mort ? Je n'ai jamais vu quelqu'un de mort. Il est peut-être vivant. Je me mets à appuyer sur sa poitrine avec l'énergie du désespoir. Un, deux, trois. Un, deux, trois. Un, deux, trois.

Je m'approche pour le bouche-à-bouche. Sa langue est brune et enflée, sa bouche est raide et froide.

Impossible.

— Il est mort. Il est mort, je vous dis !

Je suis carrément en perte de contrôle.

Heureusement, les ambulanciers arrivent sur ces entrefaites. Ils me demandent de sortir immédiatement de la chambre. Il y a un branle-bas de combat dans la pièce.

— Madame, voulez-vous qu'on le réanime ?

Réanimer, réanimer ? Je ne sais pas. C'est quoi la procédure ? On peut le réanimer ? Il n'est pas mort ?

— Je ne sais pas, monsieur, je ne sais pas quoi faire.

Ils sortent le défibrillateur et je vois du coin de l'œil le corps de mon père faire des bonds dans les airs.

L'ambulance a alerté le quartier en entier. Tout d'un coup, Pascale, la conjointe de Jacques, le voisin et bon ami de mon père, arrive en trombe dans l'appartement. En voyant les ambulanciers et le corps inanimé de mon père au sol, elle se met à pleurer. Je suis aussi en larmes, mais étonnamment je lui dis de se calmer. C'est comme si quelqu'un d'autre parlait à ma place.

— C'est ce qu'il voulait, Pascale, il est parti en paix.

— Chut, on ne sait pas s'il est mort. Ne parle pas trop fort, il nous entend peut-être…

Je prends alors le téléphone pour appeler mon conjoint. Il décroche au troisième coup.

— Mon père est mort.

— Quoi ? Qui t'a dit que ton père est mort ?

— Personne, je l'ai trouvé inanimé dans son lit.

— Tant que quelqu'un d'officiel ne t'a pas dit qu'il est mort, il n'est pas mort. Qu'est-ce qui se passe là-bas ?

— Les ambulanciers sont dans la chambre, ils vont le sortir bientôt, on va aller à l'hôpital Maisonneuve-Rosemont.

— Alors tu restes calme, tu prends la voiture, tu les suis tranquillement. Je m'en viens te rejoindre immédiatement à l'urgence. Pour le moment, ton père s'en va à l'hôpital, me dit-il d'un ton tout à fait normal et calme.

— OK, mais je te dis qu'il est mort, lui dis-je avant de raccrocher.

Prochain appel.

— Maman, papa est mort.

— Pardon ?

— Oui. Je l'ai trouvé mort dans son lit, je pars à l'instant avec l'ambulance pour l'hôpital Maisonneuve-Rosemont.

— Es-tu seule ?

— Oui, Christian travaille, il va me rejoindre là-bas.

— Je m'en viens.

Les ambulanciers arrivent alors dans le salon, le corps de mon père sur la civière, un masque d'oxygène au visage.

— Madame, nous sommes prêts pour le transport.

— Je vous suis.

Je prends ses médicaments dans un sac. J'apporte quand même ses lunettes, j'ai encore une lueur d'espoir. Je dis au revoir à Pascale, je lui promets de lui donner des nouvelles plus tard. Je pense qu'à ce moment précis elle sait aussi qu'il ne va pas se faire soigner à l'hôpital, mais rien ne sert de parler.

Je tremble au volant de ma voiture jusqu'à l'urgence. L'ambulance n'a pas de sirène en marche, juste les lumières et on ne roule pas vraiment vite. Tout indique qu'on va m'annoncer le pire dans quelques minutes. J'ai le cœur serré dans la poitrine, mal à la tête, des nausées et les larmes qui n'arrêtent pas de couler.

Une fois à destination, on me demande d'attendre dans un petit salon tout juste à côté des soins intensifs. Je ferme les yeux.

Reste calme, respire.

Tu vas passer à travers.

Tu es forte.

Tu es capable.

Dans le fond, je suis contente d'être seule. Que dire dans un moment comme celui-là ? Je n'ai pas envie de faire semblant. Je n'ai pas de frère ou de sœur, qui partage vraiment ma détresse. Personne. Perdre son beau-père, ce n'est pas perdre son père. Même chose pour ma mère. Vaut mieux être seule. De toute façon, j'ai encore l'impression que rien de tout ça n'est vrai. Je me sens comme dans un rêve.

La porte s'ouvre. Un médecin vient s'asseoir à côté de moi.

— Racontez-moi ce qui s'est passé.

Je lui fais un récit concis de la maladie de mon père, de ses symptômes des derniers jours, de ce qui s'est passé ce matin.

— Êtes-vous infirmière ?

— Non, juste journaliste. J'ai l'habitude de devenir spécialiste de n'importe quoi rapidement. J'ai une bonne mémoire.

— Je suis désolé, votre père était déjà décédé au moment de son arrivée. Nous pensons qu'il est mort tôt cette nuit.

J'ai le vertige. Je me sens comme dans les montagnes russes juste avant la chute libre.

— Vers 1 h 30, c'est possible ?

— Autour de ça, difficile à dire. Voulez-vous une autopsie ?

— Non merci.

— Il est à côté, si vous voulez le voir.

— Merci, monsieur.

Il s'en va et referme la porte. Je me prends la tête à deux mains. Machinalement, comme si je ne réalisais pas encore ce qui se passe, j'appelle Daniel Picard, le producteur de *Salut Bonjour*.

— Bonjour Daniel, ici Marie-Claude Savard. Mon père vient de mourir, je serai absente demain. Je te donnerai de plus amples informations plus tard.

Je raccroche, et là, je m'effondre. C'est comme si toute l'adrénaline qu'il m'avait fallu produire depuis le matin pour survivre à la découverte de son corps, de sa mort, me quittait instantanément. Je ne sais plus trop quand, mais ma mère est la première à arriver dans la petite salle. Elle me prend dans ses bras et nous pleurons ensemble. Ça me fait du bien de voir ma mère pleurer mon père parce que, depuis mon jeune âge, je ne l'ai jamais vue avoir aucun sentiment envers lui sauf de la frustration ou de l'exaspération. Elle pleure sûrement aussi de voir sa fille avoir tant de peine. Après un long moment, une infirmière vient nous demander si nous voulons le voir une dernière fois.

Nous entrons ensemble dans une petite salle adjacente à l'urgence. Son corps est étendu sur un lit en métal muni de roulettes. Je lui flatte la tête, je lui caresse les cheveux, je lui prends la main.

— Papa, papa. Tu as fait ce que tu as pu. Tu vas me manquer. Je t'aime, papa, je t'aime. Je vais m'ennuyer, j'ai mal que tu sois parti. J'ai mal, papa, j'ai tellement mal. Je t'ai tant aimé. Je te remercie de m'avoir donné la vie et d'avoir fait ton possible. Je te pardonne tout, je te pardonne tout. Plus rien n'a d'importance. Je t'aime, papa. Je vais tellement m'ennuyer. Mon Dieu que tu vas me manquer.

Ma mère n'arrive pas à parler, elle sort rapidement. Je reste finalement de longues minutes encore avec lui à lui tenir la main, plus calme que lorsque j'étais dans sa chambre. C'est une étrange sensation d'être à côté d'un être cher dans la mort. Par moments, je ne le reconnais plus. On dirait que sa physionomie n'est pas la même. Je comprends alors de manière très claire que son essence n'est plus dans son enveloppe. Je ne suis pas pratiquante, mais j'entretiens une spiritualité depuis mon adolescence. Je crois à la vie après la mort, mais ça restait abstrait pour moi jusqu'à ce moment précis. Je réalise à un niveau très profond que son âme est partie. Son visage a les mêmes traits, mais ce n'est pas lui. Son être est assurément sorti de son corps. C'est quand même un privilège d'être avec lui en ce moment, je suis contente que ce soit moi qui l'aie trouvé plutôt qu'un étranger.

Vers 11 h 30, je demande à l'infirmière d'emmener son corps. Je reste auprès de lui jusqu'à ce qu'il disparaisse dans l'ascenseur.

Quelques secondes plus tard, mon conjoint arrive en courant.

— Tu viens de le manquer, il est parti. C'est trop tard.

Il me prend dans ses bras.

— Allez, il faut rentrer. Je vais t'aider, je sais ce que c'est. Tu n'es pas seule.

Honnêtement, je me sens quand même très seule. Je ne partagerai jamais ce que j'ai vécu ce matin avec quiconque. Fille unique, je suis habituée au silence et à la solitude mais, cette fois, j'aurais aimé partager le moment. En bout de ligne, je ne connais pas autre chose, alors mieux vaut faire avec. De toute façon, je me dis qu'on est tous seuls devant les grandes douleurs, probablement, même si on les partage.

Deux étages plus bas, je remplis des papiers officiels, on me remet une attestation de décès. À 12 h 30, j'ai l'impression d'avoir couru deux marathons et d'être debout depuis une semaine. J'ai surtout le pressentiment que plus rien ne sera pareil.

Paradoxalement, une des premières choses qui me frappent, c'est que tout autour reste normal. À la maison, les oiseaux chantent dans les arbres, les écureuils courent sur le terrain, comme si de rien n'était. Même si le monde s'écroule à l'intérieur de moi, la vie, elle, suit son cours. Il y a un décalage incroyable entre mon drame intérieur et la réalité extérieure. C'est à la fois rassurant et enrageant. Il y a une partie de moi qui voudrait que la Terre s'arrête de tourner, que tout le monde comprenne que tout a changé.

Impossible de rester assise comme ça, ça fait trop mal. Il faut que je bouge, il faut que je parle, que je fasse quelque chose. Je prends donc la décision d'appeler un à un ceux qui connaissent mon père pour leur annoncer la nouvelle. Ça m'aide à réaliser ce qui vient de se passer. En même temps, je peux raconter. Et je me rends compte rapidement que de parler, même des détails les plus sordides, me fait du bien.

Ma mère est assise dehors, dans ma cour à la maison, et elle tousse.

— Maman, qu'est-ce que tu as à tousser comme ça ? On est en plein été !

— Je ne sais pas, Marie-Claude, ça fait deux semaines que j'ai cette toux et des plaques dans le cou et sur la poitrine. Ça doit être une allergie à quelque chose dans le jardin, à la campagne. C'est pire quand je m'occupe des tomates, peut-être de l'acidité.

— Ah… ça se peut, faudrait quand même que tu consultes. On ne sait jamais.

— Oui, oui. Je vais y aller. De toute façon, je suis fatiguée et ça me donne mal à la tête et m'empêche de courir le matin, et tu sais comme j'ai besoin de faire mon jogging. Demain, je vais à la clinique.

Ma mère a cinquante-huit ans, elle est en pleine forme, ne fume pas, mange bio, court ses quatre kilomètres tous les jours. Au moins, je l'ai pour encore vingt ans. Ce n'est pas demain la veille que je vais vivre une journée comme celle-là avec ma mère. C'est ce que je me dis en mon for intérieur, et ça me rassure.

3

L a nuit du 31 août au 1er septembre me paraît courte. Moi qui dors habituellement comme un bébé quelles que soient les circonstances, je me retrouve à faire de l'insomnie. J'ai mal au cœur, mal aux jambes, je suis fatiguée mais tout ce que je suis capable de faire c'est fixer dans le vide et pleurer. Je ne veux pas aller me coucher. Je veux rester debout, seule, à écouter le silence et à sortir ma peine.

C'est la fête du Travail, la saison de télé vient tout juste de commencer à TVA. Toute l'équipe de *Salut Bonjour* est au travail, moi je me demande si je vais être capable de retourner là-bas un jour. Je n'ai jamais vécu de deuil, tout le monde me dit que le temps arrange les choses. Je suis persuadée que je ne retrouverai plus jamais ma bonne humeur et mon rôle de chroniqueuse de sport me semble tellement insignifiant et irréel à la fois. J'ai l'impression que l'univers a basculé et que je ne retrouverai plus ma réalité d'avant. J'ai traversé une frontière, et je sais très bien que je suis en pays totalement inconnu. Je n'étais pas prête à franchir cette ligne imaginaire, je ne sais pas ce qu'il y a de l'autre côté, mais je sais que je ne peux pas retourner en arrière.

Je ne voulais pas ce grand changement de vie et je ne me sens pas prête à le vivre. Qui suis-je si je ne suis pas la fille de mon père ?

Pourtant, il fait beau dehors. Il y a des tonnes de choses à faire. En parlant aux amis de mon père, j'établis un plan selon lequel les funérailles auront lieu le jeudi de la même semaine. Il me reste donc trois jours pour tout organiser. Son associé chez HJC productions, Claude Bédard, me parle d'un salon funéraire moderne, vitré, spacieux, sur le boulevard Saint-Laurent. Sachant qu'il y aura des centaines de personnes qui viendront lui rendre hommage, je me dis qu'il vaut mieux faire ça en grand. En même temps, mon père était un homme discret, voire pudique.

L'univers des arrangements funéraires me déstabilise complètement. Comment prendre des décisions dans un épais brouillard de douleur ? J'ai le vertige, je me sens physiquement malade, j'ai les yeux qui brûlent, le visage décomposé. La préposée du salon funéraire a le bon ton, elle est très douce et patiente, mais je la sens quand même curieuse de recevoir une personnalité de la télé. J'aimerais mieux rester enfermée à la maison. Je suis gênée de vivre ma peine en public. Je réussis finalement à mettre sur pied une cérémonie à son image, dans un endroit qui ressemble plus à un restaurant branché qu'à un salon funéraire. Il faut que la journée soit à sa hauteur, je fais monter une vidéo avec des photos de son illustre carrière de réalisateur et de ses passions personnelles comme la pêche, la menuiserie, la photo et le golf. Le bonheur d'être fille unique sans aucune famille, c'est que je suis seule à prendre les décisions. L'inconvénient, c'est qu'il faut tout faire. Chercher des photos, choisir l'urne, penser au meuble sur lequel elle sera posée. Il faut rédiger le texte pour le signet, l'annonce pour les journaux, choisir la photo officielle. Les détails de son incinération aussi doivent être réglés. C'est une journée complètement folle, je cours d'un côté et de l'autre, je suis fatiguée, je n'ai pas faim. Je suis en piètre état. Finalement, il est entendu que nous soulignerons son départ le jeudi 4 septembre, en fin de journée. Quatre heures pour recevoir les condoléances seront suffisantes. Mon père n'a plus ses parents, il était enfant unique et n'a plus de contact avec ses oncles, tantes et cousins depuis des années. Je serai donc seule à recevoir tout le monde.

Une fois les arrangements terminés, j'appelle ma mère pour savoir comment se déroule sa journée.

— Bonjour, maman, tout est arrangé pour les funérailles, ce sera jeudi tel que prévu. Toi, comment ça va ?

— Je vais bien. Je vais aller à la clinique seulement demain. J'ai des trucs à faire et je vais me reposer encore un peu ce soir. Peut-être que tout rentrera dans l'ordre. La seule chose, c'est que j'ai les jambes encore plus enflées qu'hier.

Des jambes enflées, c'est bizarre, il me semble. Je raccroche en lui faisant promettre de m'appeler si elle ne va pas mieux ce soir et qu'elle a besoin d'aide. Elle me rassure en me disant qu'au contraire elle a envie d'être seule, elle m'ordonne de manger un peu, de me reposer et de prendre soin de moi.

Le soir à la maison, mon conjoint décide de faire un barbecue, histoire de m'ouvrir l'appétit. Je suis encore un peu zombie, mais tranquillement je commence à me calmer. Nos voisins viennent prendre de mes nouvelles. Ils ont su que j'avais perdu mon père. Ils l'avaient rencontré à quelques occasions. Marco est médecin spécialiste à la Cité de la santé, alors il me pose des questions sur ce qui s'est passé. Je lui raconte le tout en détail, il est d'avis qu'il est mort d'insuffisance respiratoire dans la nuit et n'a probablement pas souffert. Je ne le saurai jamais, mais au moins c'est rassurant. Je lui parle alors de ma mère et de ses symptômes. Il la connaît, la voit très souvent et sait que c'est une femme énergique et en grande forme, sa réaction me surprend donc un peu.

— Les jambes enflées, de la difficulté à respirer… me dit-il d'un ton à la fois songeur et inquiet. Ce n'est pas bon signe. Si c'était ma mère, je l'enverrais immédiatement à l'urgence. Ce sont des symptômes de problèmes cardiaques.

— Des problèmes cardiaques ? Elle court tous les jours quatre kilomètres, Marco ! Elle ne peut pas souffrir de problèmes cardiaques. Elle voit son médecin régulièrement, encore au début de l'été tout était correct !

— Écoute, Marie-Claude, tu fais ce que tu veux, moi je te donne mon opinion. Si elle ne va pas à l'urgence ce soir, il faut au moins qu'elle se rende à une clinique dès la première heure demain matin.

Le peu de calme que j'avais acquis pendant le souper s'envole. J'appelle ma mère pour lui faire le compte rendu de la conversation. Je me revois avec mon père la veille de son décès. Elle me jure qu'elle va un peu mieux et que dès demain elle ira à la clinique. Pas question d'aller à l'urgence. Il fait chaud depuis quelques jours, elle doit faire de la rétention d'eau. Grand-papa avait des problèmes cardiaques…

Cette nuit-là non plus je n'arrive pas à dormir.

4

Deuxième nuit blanche. Au moins, les heures me servent à élaborer un plan pour que le plus gros de mes responsabilités de liquidatrice testamentaire soit réglé le plus rapidement possible, afin que je puisse simplement vivre mon deuil. Le temps passe vite, nous sommes déjà mercredi, et lundi prochain je serai de retour au travail. Je veux régler un maximum de détails avant cette date.

Je demande donc à mon chum de venir m'aider à vider l'appartement de mon père. Je veux passer à travers ses effets personnels rapidement, pendant que je suis encore sur l'adrénaline. Il faudra faire visiter son logement pour le sous-louer, déménager les meubles dans un entrepôt. Mon conjoint aussi retournera au travail la semaine prochaine, je ne me vois pas vider l'appartement seule après m'être levée dans la nuit. Son frère accepte de prendre une journée de congé et, à trois, on se dit qu'on aura fait le tri en une journée. Ce qui sera à jeter ira aux poubelles et le reste ira au Chaînon.

C'est donc avec un minimum d'entrain et de bonne humeur – mon beau-frère réussit à nous faire rire – que nous nous attelons à la tâche dès la première heure. Mon père était un collectionneur et un ramasseux, alors nous avons finalement pas mal plus de choses à faire que je pensais. Une chance que j'ai de l'aide !

Après quatre heures de travail, vers midi, j'appelle ma mère pour prendre de ses nouvelles. Elle m'a promis de se rendre à la clinique et de me faire signe quand elle aurait des résultats. J'aurais dû recevoir un appel en avant-midi.

— Allô, maman, comment ça va ?

— Je suis en route vers l'hôpital Royal-Victoria. Je suis allée à la clinique ce matin et ils ont détecté de l'eau dans mes poumons. Ils ont confirmé avec une radio qu'ils ont envoyée à l'urgence de l'hôpital. Ils m'attendent d'une minute à l'autre.

— De l'eau dans les poumons ? Est-ce que c'est grave ?

— Je ne pense pas, il faut juste qu'ils l'enlèvent. Ça peut être un virus ou une infection, peut-être une réaction allergique, on ne sait pas. J'ai eu un examen général chez le médecin il y a deux mois, et tout était correct.

— Je m'en viens tout de suite à l'hôpital, je veux en avoir le cœur net.

L'appétit n'est plus là. J'avise mon chum que je vais prendre la voiture de mon père jusqu'à l'urgence et que je vais l'appeler plus tard.

Une fois sur place, je ne trouve pas ma mère dans la salle d'attente. Au bureau des inscriptions on me dit qu'elle a déjà été admise et que je peux entrer par les grandes portes automatiques et la trouver dans un des cubicules. Je suis au bord de la panique, il me faut dix minutes dans les méandres de l'urgence pour la trouver finalement allongée et branchée à… une machine d'oxygène !

Non mais, quand même ! Il y a deux jours, c'était mon père. C'est à ce moment précis que je découvre qu'il est possible d'avoir l'air totalement décontracté et de bonne humeur même lorsqu'on est en état de choc et de détresse intérieure. Je salue ma mère comme si elle était installée sur une chaise longue à la plage, l'air complètement détendue.

— Tiens, tiens ! Papa t'a donné le goût de l'oxygène ?

Elle me sourit.

— Ça me fait du bien, mais c'est super inconfortable. J'ai mal au nez, ça me pique la gorge. Je ne sais pas comment ton père faisait pour supporter ça à longueur de journée.

Et vlan ! J'ai juste envie de pleurer en pensant à tout ce que mon père a dû endurer les derniers jours avant sa mort. Je me demande s'il n'a pas souhaité en finir et si même il ne s'est pas arrangé pour partir à la sauvette en pleine nuit. Des questions qui me hantent encore aujourd'hui. Mais pour le moment, il faut séparer les choses. Mon père est mort. Ma mère est bien vivante et ça ne doit pas être évident de se retrouver à l'urgence branchée à une machine, surtout pour une femme qui n'a jamais été malade. Sa dernière visite à l'hôpital remonte au 21 décembre 1971, date de ma naissance.

— Qu'est-ce qu'on t'a dit, maman ?

— Pas grand-chose. Ils ont fait une échographie des poumons. Il y a du liquide, maintenant j'attends de voir un médecin pour en savoir plus.

— Je vais aller aux nouvelles.

De toute façon, il faut que je sorte de là au plus vite avant de me décomposer. De l'autre côté du rideau, les larmes se mettent à couler. Mais dans quel enfer suis-je coincée en ce moment ? Est-il possible que ma mère soit gravement malade ? Perdue dans mes pensées, je ne remarque pas le médecin qui est debout à côté de moi.

— Madame Savard, vous vous souvenez de moi ?

On ne va quand même pas parler de sport ici, à l'urgence…

— Je suis le pneumologue de votre père.

Ah bon. Une chance.

— Oui, oui, bien sûr. Quelle coïncidence.

— Pas du tout. Je travaille à l'Institut thoracique mais je suis de garde au Royal-Victoria, votre père a dû vous le mentionner. D'ailleurs, que se passe-t-il avec Jean ? L'oxygène ne lui va pas, il est de retour à l'hôpital ?

Oh, mon Dieu…

— Jean est décédé avant-hier.

— Décédé ? Pourtant, rien n'indiquait une chose pareille. Je venais de lui donner son congé, tout allait bien.

— Il est décédé dans son sommeil. Sans souffrance, semble-t-il. J'ai voulu l'emmener à l'hôpital tout le week-end de la Fête du travail, il tremblait, était somnolent, mais il n'a pas voulu. L'infirmière de garde m'a suggéré de le laisser à la maison. Il est décédé dans la nuit de samedi à dimanche.

— Avez-vous demandé une autopsie ?

— Je ne vois pas pourquoi. Il est parti et tant mieux parce que, d'après ce que je comprends, sa situation n'avait rien d'idéal, avec l'oxygène et tout.

De toute façon, là je dois m'occuper de ma mère, lui dis-je de manière assez brusque.

— Votre mère ?

— Elle vient d'être admise. Une femme en santé, sans histoire, elle a de l'eau dans les poumons, je ne sais pas ce qui se passe.

— Je suis désolé.

— Pouvez-vous me dire où trouver des informations sur le diagnostic de ma mère, Louise Myrand ?

— Il faut attendre que le médecin de garde fasse sa ronde. Je vais quand même jeter un coup d'œil pour vous, dit-il en s'éloignant.

Je fais le tour du corridor pour me ressaisir avant d'aller retrouver ma mère.

— Devine qui j'ai rencontré ?

Elle hausse les épaules.

— Le pneumologue de Jean. Il va jeter un coup d'œil sur ton dossier.

Elle ferme les yeux. Deux minutes plus tard, malgré le va-et-vient et le bruit des machines, elle s'endort.

Il a finalement fallu trois heures avant qu'un médecin passe la voir. Simplement pour lui dire qu'on la transférait dans une autre section de l'urgence pour le reste de la journée et la nuit.

— La nuit ? Impossible, je veux rentrer chez moi tout de suite. Vous ne savez pas ce que j'ai, ça ne peut pas être grave. Je reviendrai demain.

Les médecins lui expliquent alors qu'ils ont encore beaucoup de travail devant eux pour essayer de comprendre ce qui cause ses problèmes de poumons et que les tests se font plus rapidement lorsque le patient est hospitalisé. Les examens en clinique externe peuvent prendre des semaines et comme son état est précaire, mieux vaut agir vite.

De temps à autre, je sors téléphoner à mon conjoint pour lui dire de ne pas venir. Ma mère est une femme fière, elle ne veut pas que tout le monde la voie à l'hôpital, du moins pas pour le moment. Chaque fois que je raccroche, j'ai le réflexe d'ouvrir à nouveau le téléphone pour appeler mon père. Chaque fois, je me rappelle qu'il n'est plus là. Chaque fois, je suis frappée par l'absence. Il n'y a personne à appeler. Ma mère a un chum depuis quelques années, mais elle me dit qu'il sait déjà qu'elle est à l'hôpital et qu'il ne s'en fait pas. Elle me dit qu'elle va s'occuper de lui donner des nouvelles. Je trouve quand même étrange qu'il ne me téléphone pas ou qu'il ne se présente pas ici. Je me dis que ma mère doit vouloir les choses ainsi.

À 18 heures, je suis toujours à son chevet, incapable de partir. Comme on lui a administré des médicaments contre la douleur, je la trouve confuse et somnolente. Les différentes équipes de médecins de l'hôpital se relaient avec des hypothèses. Malaise cardiaque, virus, allergie, j'ai tout entendu pendant l'après-midi. Je me vois mal m'en aller sans savoir. Je ne veux pas la laisser là toute seule avec sa sacoche sous la civière roulante.

Mon conjoint vient me rejoindre vers 19 heures avec quelques effets personnels pour ma mère. Un livre, une jaquette, une robe de chambre, son oreiller. Elle a finalement accès à une petite chambre semi-privée, plus tranquille, et je la sens un peu plus en paix à l'idée de rester à l'hôpital. Les infirmières m'ont assuré qu'elles allaient en prendre soin et m'appeler si jamais quelque chose ne tournait pas rond. Vers 22 heures, je quitte finalement l'urgence.

Impossible pour moi de manger. Dormir ? Je ne vois pas comment. Que faire ? Retourner à la maison et fixer le vide ? Tout me tombe sur les nerfs. Je n'ai pas le goût de parler, je suis franchement insupportable, en fait je ne me supporte plus moi-même. J'ai mal partout, je suis stressée, je suis en colère. Pourquoi moi ? Qui a pigé mon numéro ?

Je me souviens de ce qu'une amie m'avait dit, il y a quelques mois. Quand plus rien ne va pour elle, elle prie le frère André. Je ne vais pas à l'église, en fait j'ai horreur des dogmes, mais je suis croyante. En ce moment, il me faut un refuge, un sanctuaire. Je demande donc à mon chum de conduire jusqu'à l'oratoire Saint-Joseph. Il me regarde comme si je venais de perdre complètement la tête.

— Tu me niaises, là. L'oratoire Saint-Joseph ? Toi ?

— Absolument.

On dit qu'il n'y a rien de mieux que la prière quand on se sent éploré, du moins c'est ce que j'ai lu souvent. Même si je ne sais pas vraiment comment prier, j'ai au moins le sentiment de me retrouver dans un endroit où des milliers de gens en détresse sont venus se recueillir au fil des ans. Ça me fait du bien. Je me sens chez moi. Je me dirige vers la tombe du frère André, je mets les mains sur le cercueil et je pleure. Il me semble que c'est la chose la plus naturelle au monde, de pleurer là. Je me sens accueillie et comprise, ce qui n'a jamais été vraiment le cas dans ma vie. Ici, on ne me demande rien. Les gens qui passent autour se tiennent loin avec respect. On peut se laisser aller ici, même si c'est un endroit public. Je m'agenouille ensuite et je demande au frère André de me donner la force nécessaire, le courage de passer à travers les épreuves qui s'accumulent à un train d'enfer. Je lui demande de m'aider à comprendre et à accepter. Je prie que mon cœur reste intact et que, peu importent la tristesse et la colère, je puisse m'en sortir avec paix et amour. Je lui demande de veiller sur Louise. Je fais aussi une prière à mon père pour lui demander de m'aider. À travers les larmes, je sens beaucoup de frustration et de colère et me dis qu'en fin de compte il me faudra aller faire le ménage là-dedans. Ce n'est pas pour aujourd'hui, ni même pour demain.

Avant de partir, je passe à la boutique de l'oratoire chercher une médaille. J'ai besoin de me sentir accompagnée et soutenue. J'ai toujours été spirituelle, je me suis toujours interrogée sur le sens de la vie. Aujourd'hui, je sens que j'ai besoin de renouer avec cette partie de moi, j'ai le sentiment que c'est elle qui me sauvera. J'ai besoin d'un port d'attache et je choisis l'oratoire Saint-Joseph. Je deviens alors la moins catholique de toutes les amies du frère André et, encore aujourd'hui, je le considère comme un modèle et un membre de ma famille. Quand j'ai eu besoin de m'abandonner, c'est lui qui m'a accueillie.

Cette nuit-là, je dors enfin. Pas sur mes deux oreilles, mais assez pour me sentir plus reposée et moins en détresse le matin du 3 septembre, la veille des funérailles de mon père.

5

3 septembre 2008

Une chance que j'ai dormi un peu. Il y a encore mille et un détails à régler. L'avis de décès est paru hier dans les journaux et je dois répondre à de nombreux messages sur ma boîte vocale. Je dois passer au salon funéraire déterminer la mise en place, commander les fleurs et les sandwichs, regarder la vidéo et trouver un célébrant qui ait le bon ton. Je décide qu'on exposera l'urne de mon père sur une table qu'il a confectionnée. Il faut donc aller chercher le meuble dans son appartement à Ville d'Anjou et l'apporter au salon.

Vers midi, j'arrive finalement au Royal-Victoria pour voir ma mère, qui devait être occupée toute la matinée avec une batterie de tests ; je m'attends donc à ce que les examens soient passés et surtout à ce que les médecins aient enfin un diagnostic à nous donner.

C'était un peu trop en demander. Ma mère est encore dans une salle commune à l'urgence, les équipes de médecins se relaient à son chevet toujours sans idée de ce qui cause son malaise. Depuis ce matin, la piste la plus plausible semble être celle d'un problème cardiaque. Le scan corporel effectué le matin a confirmé qu'il y a bel et bien du liquide dans l'enveloppe de ses poumons, mais aussi dans l'enveloppe de son cœur. Cette situation peu banale est beaucoup plus dangereuse. Ma mère a de plus en plus de difficulté à respirer à mesure que les heures avancent et l'oxygène n'arrive plus à la soulager. Elle est au bord du désespoir, elle est agressive et elle commence à être carrément difficile pour le personnel infirmier.

Je la comprends, parce que chaque médecin qui s'amène dans son petit espace entouré de rideaux lui demande de recommencer à raconter son histoire du début. Plus les heures passent, plus l'histoire est longue à relater et plus il y a de spécialistes qui nous demandent de reprendre les faits. Un médecin, me prenant à part dans le corridor, m'explique que même si tout est écrit dans le dossier, il est important de passer en revue les événements de vive voix afin que chacun des médecins puisse avoir le portrait complet de la situation. Il m'explique aussi que chaque fois qu'elle raconte son histoire, c'est une occasion pour elle d'ajouter un détail qui pourrait faire la différence et offrir une piste.

C'est justement les pistes qui inquiètent ma mère, plus particulièrement celle de la maladie cardiaque. Son père a fait des infarctus à répétition depuis l'âge de quarante ans jusqu'à son décès en 1990, à l'âge de soixante-dix ans. Il y a des antécédents familiaux, ça semble donc plus que plausible. Ma mère s'inquiète de savoir quel genre de qualité de vie elle aura, elle se demande aussi si elle devra subir une opération. Des inquiétudes et des questions qui ont tout le temps de prendre leur place dans sa tête pendant qu'elle reste clouée au lit, incapable de lire, ou même de parler avec le masque à oxygène.

C'est une réalité difficile à vivre à son chevet. Je fais tout ce que je peux pour tantôt la distraire, tantôt la faire parler de ses angoisses et de ses sentiments. Tout ce que je peux faire d'utile, c'est lui offrir le luxe d'un peu d'eau froide en bouteille. Son pichet d'eau du robinet ne semble pas attrayant. Il est très pénible de se sentir impuissant sans savoir exactement ce qui ne va pas. Au moins, ça m'évite de tomber dans le mélodrame de mon deuil, mais en même temps, c'est inconfortable. Il faut que je fasse semblant.

En fin d'après-midi, les médecins décident finalement d'aller de l'avant pour la soulager un peu en lui faisant une ponction dans le dos afin de faire sortir le liquide de ses poumons et ainsi lui permettre de mieux respirer. Pour ce qui est du liquide dans le péricarde, ils préfèrent en connaître la cause avant d'entamer une procédure, d'autant plus que c'est beaucoup plus risqué et dangereux. Je leur demande, dans la mesure du possible, d'attendre que j'aie enterré mon père avant de soumettre ma mère à une opération risquée.

La procédure se fait dans une chambre à l'un des étages de l'hôpital, une autre bonne nouvelle puisqu'elle pourra quitter l'urgence et donc peut-être dormir un peu pendant la nuit. Même si on me rassure en me disant que c'est fréquent et standard comme genre d'opération, je ne peux m'empêcher de retenir mon souffle pendant les trente minutes où on me demande de disparaître dans la salle d'attente au bout du corridor.

Une toute petite demi-heure et ma mère respire déjà mieux. C'est une femme plus optimiste que je retrouve quelques minutes plus tard. Seul bémol, elle a un tuyau qui lui sort du dos avec un bac de drainage attaché plus bas au bout du lit. Le récipient rectangulaire transparent contient un liquide rouge et jaune, épais et trouble. Disons que c'est un peu un choc, mais on me dit que c'est normal. Le tube sera retiré lorsque le liquide aura cessé de couler pendant vingt-quatre heures. Ma mère va donc mieux, mais je pense qu'elle est aussi traumatisée par l'expérience et, surtout, elle ne peut pas se lever comme elle le souhaite.

— Te voilà aussi au bout d'un fil, lui dis-je en riant. Tu vas perdre au moins cinq livres de liquide si ça continue comme ça, toi qui te trouvais serrée dans tes pantalons la semaine dernière, voilà la solution !

— J'ai toujours aimé les mesures drastiques, me glisse-t-elle en souriant.

Ce soir-là, je quitte une mère moins mal en point en lui disant que je ne pourrai pas la voir le lendemain puisque je serai aux funérailles de Jean. Je lui demande de noter tout ce que les médecins lui disent. Je demande aussi aux infirmières de laisser un téléphone sur sa tablette de chevet tout au long de la journée pour que je puisse prendre des nouvelles. Jusqu'à la dernière minute, ma mère a cru être en mesure de sortir pour la cérémonie, mais elle a encore les jambes enflées et elle n'a pas dormi depuis son hospitalisation. De plus, avec le tube… Après deux jours, toujours pas de signe de son chum. Il ne m'a pas appelée, et je comprends qu'il n'a pas appelé ma mère non plus. Elle ne m'en parle pas, mais je devine qu'elle en est profondément blesséc.

Je suis son seul soutien. Il paraît donc clair que je ne pourrai pas aller au travail lundi. Il me faut retarder mon retour d'encore une semaine. De toute façon, je n'en suis pas émotionnellement ni physiquement capable et je sais que la journée de demain sera la pire au plan des émotions. Surtout avec le stress de ne pas savoir ce qui se passe pour ma mère.

6

4 septembre 2008

Il y a de ces journées qui sont à la fois longues
et courtes. Le 4 septembre me semble parfois
interminable ; à d'autres moments je me demande
où le temps passe. Sachant que je suis seule pour
faire face aux centaines d'amis de mon père, mon
groupe de copines, après consultation, décide de
jouer le rôle de la famille au salon funéraire. Karine
Robert, Brigitte Bédard et Julie Couture arrivent à
l'ouverture des portes du salon Memoria sur le boulevard Saint-Laurent et s'installent dans un coin.
Elles m'ont toujours à l'œil et dès que j'ai besoin
d'une pause je peux me diriger vers elles pour une
tape dans le dos, une blague ou une accolade. Se
joignent à elle Marie Pauline, Nancy, Sophie et
Valérie et, bientôt, j'ai l'impression de faire partie
d'une grande famille. Denyse, qui a été la conjointe
de mon père pendant la majeure partie de ma jeunesse, est là aussi. Il y a des moments où je pleure
mon père et d'autres où je pleure parce que je suis
touchée de les voir si présentes et attentives. Je me
rends compte que, dans les moments difficiles, on
découvre aussi de belles choses, et ça me fait chaud
au cœur. Christian également est des plus attentifs,

toujours avec le mouchoir au bon moment et le verre d'eau au besoin. Il ne me quitte jamais des yeux et s'assure que les gens ne me pressent pas de questions trop longtemps.

Depuis une semaine j'ai perdu dix livres, et tout le monde s'inquiète de mon état de santé. Je suis donc obligée d'expliquer que ma mère me cause aussi bien du souci et que l'hôpital n'est pas un endroit qui ouvre l'appétit. Les proches de mon père ne connaissent pas ma mère, alors il faut vraiment tout raconter. Tout le monde veut savoir comment il est mort, comment je l'ai trouvé. Je raconte l'histoire mille et une fois pour chaque personne qui vient lui rendre hommage. Étrangement, le processus me fait du bien et exorcise un peu le côté macabre de l'événement. Je suis fière de montrer le tableau de photos que j'ai monté et la vidéo qui tourne en boucle. Je retrouve des gens que je n'ai pas vus depuis des années, ils me racontent des histoires sur mon père. Dans le fond, je ne le connaissais pas vraiment et totalement. Je réalise l'ampleur du personnage et je suis fière de voir à quel point les gens l'ont aimé et apprécié. Je savais qu'il y aurait pas mal de monde, mais jamais je n'aurais pu me douter que vers 18 heures nous serions quatre cents dans la petite salle !

Tous mes collègues de travail sont là, mes patrons aussi. Je me sens drôlement appuyée et je me dis que c'est aussi à ça que ça sert, les funérailles. C'est pour rendre hommage à ceux qu'on perd mais aussi pour réconforter ceux qui restent. La plus grosse surprise pour moi arrive vers 19 heures. Mon père avait une grande famille remplie d'oncles, de tantes, de cousins et de cousines qu'il a abandonnés lors du décès de ses parents dans sa jeune vingtaine. Il n'a jamais vraiment voulu m'expliquer pourquoi il avait coupé les ponts avec sa famille, mais j'ai toujours su qu'il n'était pas question de renouer avec eux. Quelques années avant son décès, j'avais quand même réussi à le convaincre de me les présenter, pour mon bénéfice personnel, et nous avions fait le voyage ensemble jusqu'à Charlesbourg. N'ayant jamais eu de famille et ne sachant pas trop comment faire, je n'avais pas vraiment entretenu les liens avec eux. C'est donc avec beaucoup d'émotion que j'ai vu la cousine de mon père et sa tante âgée de plus de soixante-dix ans arriver dans le salon. La seule famille présente dans la pièce. J'ai pensé ne plus être capable de tenir debout tellement l'émotion était forte.

Quelques minutes plus tard, le célébrant commence la cérémonie. Il faut rendre hommage à Jean. Quelques-uns de ses amis proches ont accepté de témoigner, et je tiens moi aussi à lui rendre hommage en paroles.

«Je vous remercie d'être tous et toutes ici ce soir pour rendre un dernier hommage à Jean. Vous avez été plusieurs à me le répéter aujourd'hui et il me le disait souvent, mon père était fier de sa fille. Je tiens aujourd'hui à vous dire que sa fille aussi est fière de son père. Vous êtes quelques-uns ici de son groupe de AA, je veux vous dire que je suis fière de sa sobriété et des difficultés qu'il a surmontées pour y arriver. Je sais qu'il en a aussi aidé de nombreux autres au fil des ans même s'il n'en parlait pas beaucoup. Vous connaissiez tous Jean le réalisateur, le photographe, le menuisier, le pêcheur, le golfeur comme en témoignent toutes les photos qui sont exposées ici ce soir, mais ce que vous ne saviez pas, c'est que mon père était aussi un formidable invité de talk-show. Quand j'avais quatre ans il m'avait acheté une mini-enregistreuse avec un micro et j'animais dans notre salon de Laval mes premières émissions de télé. Il a toujours soutenu ma passion pour le métier et nous avons partagé cette passion tout au long de sa vie. J'ai eu la chance d'avoir trente-six belles années avec lui. Aujourd'hui, je tiens à remercier Denyse et Monique, ses conjointes des dernières années après son divorce d'avec ma mère. Merci à tous ceux et celles qui lui ont donné du bonheur pendant sa vie [*longs sanglots*]. Papa, je t'aime pour toujours.»

Je suis tellement contente d'avoir pu m'exprimer clairement. À ce moment précis, je suis persuadée d'avoir laissé parler mon cœur. Quand j'y repense aujourd'hui, je me rends bien compte que plutôt que d'exprimer ma peine, je tentais de consoler tout le monde autour. À l'époque, je ne savais pas encore faire la distinction, mais ça, c'est pour plus tard! Ce qui me réconforte, c'est que les témoignages de ses amis sont tous prenants et touchants. Le célébrant comprend exactement ce que je souhaite comme discours. Bref, nous lui rendons l'hommage qu'il aurait souhaité, j'en suis certaine et ça m'aide à faire un peu la paix.

Une fois la cérémonie terminée, les gens commencent peu à peu à partir. Je suis épuisée. Heureuse, triste, soulagée, angoissée mais surtout fatiguée. Je veux manger et aller prendre un verre. Je ne veux pas rapporter les fleurs, juste les photos, les messages et l'urne. Je ne sais pas encore quoi faire de ses cendres. Mon père ne m'a pas laissé de testament ni de dernières volontés.

Demain, il faudra commencer à régler les aspects légaux de la succession, l'avenir de son entreprise, la gestion de ses avoirs. En attendant, j'ai besoin d'un scotch sur glace. À l'hôpital, l'infirmière en charge me dit que ma mère dort à poings fermés, qu'elle respire mieux depuis son intervention et que, demain, l'équipe de médecins doit passer vers 8 heures. Il est 22 h 30, la nuit sera courte.

7

5 septembre 2008

À 7 h 30 tapantes, c'est une maman plus reposée mais aussi plus énervée que je retrouve à l'hôpital. Elle respire mieux, elle veut donc sortir au plus vite. Elle ne veut pas entendre parler de passer la fin de semaine au Royal-Victoria. Elle n'en peut plus de la nourriture d'hôpital et comme son état de santé s'est amélioré, elle a été transférée dans une chambre commune à l'étage. Sa compagne de chambre ronfle quand elle dort et râle quand elle est éveillée. Ce n'est pas une situation idéale. Un quatrième jour à l'hôpital pour une femme qui s'en allait tout bonnement à la clinique en début de semaine, sans aucun résultat concret, ça commence à être difficile à supporter. Vers 8 heures, l'équipe cœur-poumons passe à son chevet. Toujours rien de très précis comme diagnostic. Il faut refaire une échographie du cœur afin de voir si le liquide dans le péricarde est toujours là. Ils veulent consulter un autre spécialiste en cardiologie qui sera là seulement… lundi !

Ma mère leur demande alors de la laisser sortir pour la fin de semaine. Pour l'équipe médicale, c'est hors de question. Le risque de crise cardiaque est trop élevé, le diagnostic n'est pas encore prononcé. Elle ne pourra sortir que lorsqu'un protocole de soins aura été déterminé. Rien à faire, elle est clouée au cinquième étage pour encore au moins trois jours. Ma mère s'effondre, en larmes. Elle est inconsolable. L'infirmière tente de me donner un coup de main en lui faisant quelques blagues, mais il n'y a rien à faire. Son moral flanche. Toujours pas de visite de son chum, elle lui a parlé brièvement hier, mais il ne vient pas la voir. Je dois avouer que ça me choque, parce que je me retrouve avec toute la charge émotionnelle sur les épaules.

Mon conjoint a dû retourner au travail aujourd'hui, je suis donc seule, et le partenaire d'affaires de mon père m'attend dans l'après-midi pour régler les dossiers de l'entreprise. Ses productions sont en suspens, il y a des employés à payer, des projets à livrer aux différents clients. Je ne peux pas le laisser attendre, l'entreprise doit continuer à fonctionner. Il y a des décisions à prendre, des papiers à signer, un comptable à rencontrer, un rendez-vous avec le notaire pour établir mon droit dans la succession.

C'est peut-être mieux ainsi. Être occupée m'empêche de m'effondrer à mon tour, mais honnêtement, à ce moment-ci, je ne vois pas comment je vais m'en sortir. Une chose à la fois, une minute à la fois, un pied devant l'autre, c'est la seule façon de fonctionner.

Priorité numéro 1 : ma mère.

— Qu'est-ce qui te ferait du bien, maman ?

— Je veux manger quelque chose que j'aime. Je n'en peux plus de la nourriture ici.

— Dis-moi ce que tu veux, je vais aller te le chercher, n'importe quoi.

Après un long silence elle me dit :

— Je veux manger du St-Hubert.

— Parfait, maman, c'est ce que tu auras ce midi et je m'engage à te laisser des fruits, du jus et un sandwich pour ton souper dans le frigo réservé aux patients. Tu pourras demander au préposé de te les apporter quand tu auras faim.

Un peu de poulet et un sandwich pour acheter un peu de bonheur, ce n'est pas grand-chose. Ça me permettra aussi de me sentir moins coupable de la laisser encore toute seule cet après-midi.

Le plus inquiétant, c'est le temps qui passe sans réponse. Ce n'est jamais bon signe et j'ai le sentiment que l'équipe médicale ne nous dit pas tout. Ce matin j'ai surpris des regards inquiets entre eux lors de leur visite. La plupart des médecins sont anglophones, la communication est donc difficile avec ma mère. Même moi qui suis totalement bilingue, j'ai parfois de la difficulté à saisir le jargon médical dans une autre langue.

Mon instinct me dit que quelque chose ne va pas, mais ma tête se refuse à accepter la possibilité d'un autre drame, du moins pour les prochains jours.

8

Le week-end s'est finalement bien déroulé. Une fois les papiers signés à la société de production de mon père vendredi et une bonne partie des démarches de succession entamées, le partenaire de mon père, Claude Bédard, a pu m'assurer qu'il serait en mesure de tout prendre en main. Dans l'immédiat je suis donc libérée d'une charge énorme. Ce n'est pas facile pour lui d'avoir à vivre son propre deuil tout en mettant les bouchées triples pour essayer de s'y retrouver dans les affaires de mon père. Claude est un spécialiste des relations publiques, mon père était producteur et réalisateur de projets télé. Ce n'est pas tout à fait la même description de tâche, c'est le moins qu'on puisse dire, mais Claude est un homme d'expérience et surtout un homme de confiance.

La seule autre responsabilité qu'il me reste à régler rapidement, c'est le déménagement des meubles de mon père et la location de son logement. Déjà, pendant le week-end, il y a eu des visites. Une chance que nous nous sommes dépêchés de tout vider !

À 10 heures, je suis dans son logement avec son ancienne conjointe, qui songe à récupérer une armoire en bois et en verre que mon père avait fabriquée pour elle il y a quelques années. Nous sommes en pleine discussion quand mon téléphone cellulaire sonne.

C'est ma mère.

Elle est hystérique au téléphone. Elle crie, elle pleure, elle me demande de venir la chercher sur-le-champ.

— Viens me chercher, viens me sortir d'ici, viens me chercher tout de suite ! me dit-elle en détresse.

Je me mets à trembler. Je fais signe à Monique de sortir, je lui dis au revoir d'un geste de la main. Pas le temps de parler. Je suis toujours au téléphone.

— Calme-toi, calme-toi.

— NON, je ne peux pas me calmer. Viens me chercher. Je sors.

— Je ne comprends pas. Il faut que tu me dises quelque chose maman, je capote, je ne peux pas conduire dans cet état-là. Je suis à Ville d'Anjou, j'en ai pour trente minutes, explique-moi ce qui se passe, lui dis-je.

— VIENS ME CHERCHER, SORS-MOI D'ICI. ILS M'ONT DIT QUE J'AI LE CANCER !

— Ben voyons donc, le cancer ? Ils t'ont dit ça comme ça, sans que je sois là ? Voyons donc. OK, je raccroche. J'arrive.

Le cancer !

Le cancer...

Mon cœur bat à tout rompre. Je suis à la fois paniquée et fâchée. Je suis enragée. Qu'est-ce que c'est que cette histoire ? Jamais, depuis que ma mère a été hospitalisée, le mot « cancer » n'a été prononcé. Je leur ai pourtant déjà demandé si c'était une hypothèse. Cancer de quoi ?

C'est fou ce qu'un mot peut provoquer comme terreur. Je n'ose même pas appeler mon conjoint pour lui en parler, parce qu'il faudrait que je prononce le mot et je me dis que c'est peut-être une erreur. Un cancer…

Il y a deux semaines, ma mère courait ses quatre kilomètres tous les matins, ça ne peut pas être si grave. Elle ne fume pas, ne boit pas, mange bio. Ils se sont peut-être trompés.

C'est un miracle que je réussisse à me rendre à l'hôpital en un seul morceau et sans contravention. Arrivée là-bas, pas de place dans le stationnement. Je laisse la voiture dans une zone interdite. Je cours jusqu'à la porte, mes mains tremblent. J'ai l'impression d'attendre une éternité avant que l'ascenseur arrive. Je me sens comme dans un très mauvais rêve. Tout le monde autour est calme et souriant, encore une fois ce décalage incroyable. Pour tous ces gens, même à l'hôpital, la vie continue. La mienne vient à nouveau de se dérober sous mes pieds.

Arrivée au cinquième étage du pavillon C, je cours jusqu'à la chambre de ma mère. Elle est habillée, assise sur son lit, son sac à la main. Elle tremble de sanglots.

Je m'assois à côté d'elle, je la prends dans mes bras.

— Explique-moi ce qui se passe, lui dis-je avec le ton le plus calme et rassurant que je sois capable de produire.

— Je ne sais pas, me dit-elle en pleurant, quelqu'un est passé me dire que j'avais un cancer des poumons en phase 4, que je sortais aujourd'hui et qu'on me rappellerait pour que je rencontre un oncologue.

Je la serre dans mes bras pendant de longues minutes, sans rien dire.

Que dire ? Aucun mot ne me vient à l'esprit.

Tout va bien aller ? Pas vraiment.

Je suis là avec toi ? De toute évidence.

— Il faut que je parle à quelqu'un, je reviens.

Dans le corridor, c'est la colère qui me brûle les joues. Qu'est-ce que c'est que cette histoire ? Qui annonce à une patiente qu'elle a un cancer de cette façon ? Et sans que je sois présente !

Au poste d'infirmière, j'exige de voir un médecin immédiatement. Il n'y a rien dans mon ton qui laisse entendre qu'une réponse autre que « Oui, madame » sera acceptée. Quelques minutes plus tard, la responsable de l'étage se présente.

— Ma mère me dit qu'elle a un cancer, lui dis-je froidement.

— Oui, en effet. Nous nous en doutions depuis vendredi, mais il a fallu consulter un spécialiste aujourd'hui avant de pouvoir en arriver à un diagnostic de cancer des poumons.

J'ai l'impression que mes genoux vont céder. C'est vrai, finalement, mais il faut que je garde mon sang-froid.

— Et vous lui avez annoncé ça comme on annonce la soupe du jour ?

— Je n'étais pas présente lors de l'annonce, madame Savard.

— Moi non plus, figurez-vous, et c'est ça le drame. On parle d'un stade 4, qu'est-ce que ça veut dire ?

— Il n'y a pas de cure pour elle. Nous pouvons faire des traitements pour alléger ses symptômes et prolonger sa vie.

J'ai l'impression d'être un robot, de voir ma vie se dérouler sous mes yeux, mais sans réaliser ce qui se passe. On dirait que mes émotions sont détachées de mon corps.

— Combien de temps ?

— Je ne peux pas vous donner de réponse claire. Il faudra avoir cette discussion avec un oncologue. Votre mère a un rendez-vous jeudi avec une des meilleures à Montréal. Elle saura répondre à vos questions. Je suis désolée.

La conversation est terminée.

Je reste plusieurs minutes appuyée contre le mur dans le corridor, pleurant en silence. Je me dirige ensuite vers la cabine téléphonique de l'étage pour annoncer la nouvelle à mon chum. Il est abasourdi, me dit qu'il quitte le travail à l'instant même et qu'il sera à la maison sous peu. Je lui réponds de rester à Radio-Canada. Le cancer ne s'en va nulle part, nous aurons amplement le temps d'en discuter. En attendant, j'ai besoin de parler avec ma mère seule à seule et pas dans un endroit public. Je crois aussi qu'elle a besoin de discrétion pour le moment.

Vers 13 heures, je retourne voir l'infirmière pour lui dire que je sors ma mère dans les prochaines minutes. Elle me dit que la paperasse n'est pas terminée, il manque encore quelques signatures pour qu'elle obtienne son congé.

Je tourne les talons, je rentre dans la chambre de ma mère, j'attrape son sac, je la prends par la

main et lui fais signe de me suivre. Je quitte le cinquième étage avec elle sans attendre l'autorisation
de quiconque.

9

— As-tu peur, maman?

Je voudrais lui dire : parce que moi, maman, je suis paniquée. Moi qui croyais avoir vécu la pire des douleurs il y a à peine une semaine, je découvre que le poignard peut encore s'enfoncer. Que la détresse peut être encore plus profonde. Est-ce vraiment possible que ma mère meure avant Noël?

Ma mère hausse les épaules en guise de réponse. Elle ne sait plus ce qu'elle ressent. Elle est en état de choc.

Il fera noir dans quelques minutes. Nous sommes assises l'une en face de l'autre à ma table de salle à manger depuis déjà cinq heures. Cinq heures pour absorber le choc, pour essayer de se raisonner. Des heures qui passent vite et lentement en même temps. Ma mère est émaciée, elle a perdu dix livres à l'hôpital. Elle doit faire à peine cent cinq livres. Elle a les épaules recourbées, elle est repliée sur elle-même.

Je n'ai plus de larmes. Il n'y a que de la terreur et du stress.

Ma mère pleure encore. Chaque fois qu'elle parle, elle pleure. Pas des sanglots, juste des larmes qui coulent.

Sa mère, Charlotte, est décédée d'un cancer des poumons à l'âge de soixante-douze ans. C'était il y a dix ans. Elles avaient une relation torturée. Ma mère n'a jamais pardonné à sa mère, même sur son lit de mort. Elle ne lui a jamais pardonné sa froideur, son égoïsme, son favoritisme envers son fils aîné, son manque de soutien. Ma mère porte encore les séquelles d'une enfance malheureuse et difficile. Ses deux frères aussi. Les Myrand avaient des allures de famille nucléaire parfaite des années 1960. Une famille de la classe moyenne qui ne vivait pas dans le luxe mais qui ne manquait de rien. Ma mère a pourtant souffert dans cet environnement. Elle s'est mariée à vingt ans pour quitter le foyer familial. Mon père n'avait rien d'un ange. Il était excessif dans tout, sauf sa vie de famille. Il travaillait trop, buvait trop et je le soupçonne d'avoir trop aimé quelques collègues de travail. Ce n'était pas une union heureuse.

Je suis arrivée par surprise après deux ans de mariage. Cinq ans plus tard, mon père nous quittait. Ma mère m'a élevée seule, souvent de peine et de misère. Pour ce faire, elle s'est fait violence en acceptant de travailler comme secrétaire dans une agence de publicité, un milieu macho et chauvin dans les années 1970 où l'alcool coulait à flots et où les horaires n'avaient rien d'accommodant pour une mère de famille monoparentale. À force de travailler très fort pour un très petit salaire, ma mère a obtenu des promotions. Elle est devenue planificatrice média. Elle s'est bâtie une vie sans jamais établir les fondements d'une estime d'elle-même.

À l'aube de ses soixante ans, elle commence à peine à se réaliser, et encore. Elle se cherche constamment, je la sens toujours fragile. Affranchie du milieu de la publicité depuis plusieurs années, elle cherche ce qu'elle veut faire. Elle a essayé d'être massothérapeute, puis agente d'immeubles. Elle a une petite pension, un petit condo. Elle rêve de créativité, de grands voyages et d'amour. Nous sommes des antithèses, et ça rend la relation difficile. Elle sent que je juge ses échecs, je sens toujours qu'elle compte sur moi, tandis que cela devrait être l'inverse. Je ne l'ai jamais sentie forte et bien, même quand j'étais petite, j'ai donc fait un grand pas vers l'âge adulte dans ma tendre enfance. J'ai été angoissée et stressée dès l'âge de cinq ans, alors que j'aurais dû me sentir en confiance.

La voilà maintenant condamnée à mort. Dans une agonie qui s'annonce longue et difficile. La même mort que sa mère. Une mort qu'elle connaît et qu'elle craint. Le pire des scénarios.

Tout au fond de moi, je me dis que, finalement, mon père l'a échappé belle. Je me dis aussi que le destin nous joue un sale tour, mais en même temps, je me dis que la vie est bien faite. Mon père est parti juste avant. Je n'aurais pas pu m'occuper des deux à la fois. Ils se sont vus juste avant son décès. Mon père a-t-il senti qu'il devait s'en aller ?

Étrangement, il y a quelque chose dans le déroulement des événements qui me rassure. La vie va nous aider. Rien n'arrive pour rien. Peu importe ce qui va se passer, nous saurons quoi faire. Le problème, c'est qu'on ne sait pas ce qui va se passer.

— Maman, le cancer est entré dans nos vies aujourd'hui. La mort est entrée dans nos vies la semaine dernière. On ne peut pas retourner en arrière. Il faut aller de l'avant. Il faut faire confiance, c'est la seule façon de s'en sortir. Il faut garder la foi. Il faut accepter ce qui se passe.

Je me dis que c'est bien facile à dire, que ce n'est pas moi qui risque la mort, mais quelle est l'autre option ? Se laisser aller au désespoir ? Et après ?

— Je ne sais pas si j'ai la foi, Marie-Claude. Nous ne sommes pas faites pareil. Toi, tu as ta spiritualité, moi je doute. Je ne sais pas si je suis capable. Je suis fatiguée, j'ai peur.

— Moi aussi j'ai peur, maman, parce que je ne comprends pas ce qui se passe et je ne sais pas ce qui s'en vient. Tout ce que je sais ici, ce soir, c'est qu'on ne peut pas tirer de conclusion avant de rencontrer l'oncologue. Jeudi, nous aurons un plan de match. En même temps, c'est toi qui vas décider ce qui va se passer, c'est toi qui as ta destinée entre les mains. Il y a la médecine et la science, et ensuite il y a la vie, et elle est plus forte que tout. Nous avons du temps, c'est tout ce qu'il nous faut. Fais-moi confiance, maman, la vie saura nous guider.

Une fois mon chum de retour à la maison, ma mère veut rentrer chez elle. Je croyais qu'elle voudrait coucher chez nous, mais elle préfère être seule. Elle a hâte de retrouver son condo, ses affaires.

Christian la reconduit à quelques coins de rue de chez nous. En rentrant, il me dit qu'elle est restée silencieuse tout au long du trajet. Lui aussi.

En fouillant sur Internet avant de me coucher, je me rends compte que l'avenir n'est pas rose. Un cancer au stade 4 est inopérable. Cela veut aussi dire qu'il y a probablement des métastases. Le cancer des poumons est asymptomatique, ma mère a donc pu l'avoir pendant des années sans jamais le savoir. Même si elle ne fume plus depuis trente ans, la cigarette a pu causer le cancer, du moins c'est ce que disent les experts médicaux. Sur plusieurs blogues, je lis les récits de fils, de filles et de conjoints qui ont vu leur proche s'éteindre à petit feu. La moyenne de survie entre le diagnostic d'un cancer du poumon en phase 4 et le décès est de trois mois. Certains réussissent à survivre six mois. Il y a très peu de recherche sur le sujet. Il ne s'agit pas d'un cancer traitable, les chercheurs préfèrent donc se concentrer sur des types de cancer qui ont un meilleur taux de survie. Il y a aussi un préjugé défavorable entourant le cancer du poumon, c'est un cancer lié au tabac.

Si elle pouvait seulement survivre jusqu'à Noël, me dis-je en mon for intérieur. Juste un autre Noël sans être orpheline. Un dernier.

10

Le deuxième étage du département d'oncologie de l'hôpital Royal-Victoria n'a rien d'un endroit accueillant. Il est à peine 8 heures et déjà il y a du retard dans les rendez-vous. Les préposées à l'accueil sont stressées et n'ont pas beaucoup de patience pour les gens qui ne savent pas comment le système fonctionne.

— Prenez une place dans la salle d'attente, on vous appellera dans l'ordre. Vous êtes six à avoir un rendez-vous à 8 heures, l'oncologue vous verra quand elle le pourra, dit l'assistante d'un air à la fois autoritaire et exaspéré.

C'est notre premier contact avec une clinique d'oncologie. Rien de rassurant. Ma mère n'a pas dormi depuis trois jours. Ce rendez-vous est le centre de son univers, celui qui va déterminer sa vie et sa mort. Mais ici, on ne fait pas dans l'empathie. Prenez un numéro.

Tout le monde se ronge les sangs dans la salle d'attente. Il y a ceux et celles qui sont atteints du cancer, on les reconnaît à leurs perruques et à leurs foulards. Pour la première fois, je les vois d'un autre œil. Le cancer n'est plus un concept abstrait, une maladie quelconque, il est au centre de nos vies. Je me dis que bientôt ma mère sera là, assise avec son foulard en attendant ses traitements. Il y a aussi les proches qui font semblant d'être de bonne humeur, les jambes croisées, le pied qui branle nerveusement. Rien n'est naturel ici. Les malades jouent les forts, les proches font semblant de ne pas être inquiets. La peur est palpable derrière les conversations anodines et les sourires. C'est un environnement tellement intense que la vie à l'extérieur semble complètement frivole en comparaison.

Les heures passent, 9 heures, 10 heures, bientôt 11.

— Louise Myrand, salle 210, s'il vous plaît!

Salle 210, ça doit être de l'autre côté, c'est là que je vois les gens disparaître lorsqu'ils sont appelés. La salle 210 est en fait une toute petite pièce avec un lit d'examen poussé le long d'un mur à côté d'un lavabo et d'une chaise droite. Je sors demander une autre chaise. Il n'y en a pas. Attendez votre mère dans la salle d'attente, me dit-on. Dans la salle d'attente? On va lui parler pour la première fois de son cancer, elle est émotive, il faut bien quelqu'un pour la soutenir, pour poser les questions, prendre les notes! Je m'assois donc sur le lit. La porte fermée, nous avons l'impression d'étouffer.

Ma mère est fatiguée, ses jambes ont recommencé à enfler depuis sa sortie de l'hôpital et sa respiration est bruyante. Il y a un genre de cillement dans ses poumons. Rien de très rassurant. Mais pour le moment, ce qui est vraiment stressant, c'est cette attente. J'essaie de meubler le silence, de faire des blagues, de changer de sujet, de me taire. Je ne sais plus trop quoi faire.

À 12 h 30, l'oncologue arrive.

— Bonjour madame… [*hésitation et coup d'œil sur le dossier*] Myrand. Vous avez donc un cancer du poumon de stade 4. C'est une maladie incurable. Je ne peux pas vous guérir. Je peux vous offrir des traitements qui vont améliorer votre qualité de vie en faisant rétrécir la tumeur, dit-elle dans un français approximatif.

Coup de poing dans le ventre, poignard dans le cœur. Je me sens comme un wagon de montagnes russes en chute libre.

Ma mère est abattue. Silencieuse et secouée.

Je me lève pour lui serrer la main. Après tout, il n'y a même pas eu de présentations, encore moins de préambule, pas de « Comment allez-vous ? ».

— Je suis la fille de Mme Myrand, lui dis-je. Est-ce qu'on parle d'un cancer à petites cellules ou à grosses cellules ?

Elle me regarde comme un professeur regarde un élève mal élevé.

— À grosses cellules.

— Est-ce possible pour ma mère d'avoir accès à un protocole de recherche ?

— Peut-être, il faudra voir avec la responsable. Je vous propose de la rencontrer après notre discussion, vous prendrez alors une décision sur la marche à suivre. Pour ma part, je vous suggère de commencer la chimio le plus rapidement possible, un traitement agressif de six cycles avec deux semaines de répit après chaque ronde.

— Quels sont les effets secondaires ? demande ma mère.

— Vous aurez toutes les informations dans « le » documentation que mon assistante va vous remettre. Maintenant asseyez-vous sur le lit. Mademoiselle, je vous demanderais de sortir, je vais examiner votre mère.

Debout dans le corridor, je suis étourdie. Pas d'issue, rien à faire. Pas de discussion, pas d'espoir. Ce n'est pas possible. Tout ce que je me dis, c'est que ça ne peut pas être si simple. Ma mère n'est pas prête à mourir, je ne suis pas prête à la perdre. Trois mois, c'est trop peu. Il va falloir prendre les choses en main. On ne peut pas accepter le verdict si simplement. Nous ne sommes pas au bon endroit, point final. Mais ce n'est pas ma maladie, ce n'est pas ma vie. Je dois respecter ma mère, je dois l'écouter. Il va falloir que je trouve le moyen d'être forte sans prendre toute la place, de la guider en l'écoutant, mais chose certaine il faut obtenir d'autres réponses.

La porte s'ouvre. L'oncologue quitte la petite salle. Ma mère est à nouveau assise sur la chaise droite, la tête basse et les épaules courbées.

— Nous devons attendre son assistante, elle va nous donner des possibilités de protocole de recherche et des informations.

Tout de suite, je la prends dans mes bras et je la serre très fort, j'ai peur de la briser tellement elle a perdu du poids. Je lui donne un bec sur la tête.

— Tu sais maman, il y a la médecine et il y a le reste, et entre les deux il y a une façon de faire que nous allons trouver ensemble. Nous avons une partie du portrait ici, aujourd'hui. Nous avons des faits et des statistiques. La réalité est souvent tout autre. Nous avons cette épreuve à traverser, nous allons le faire ensemble. Là, on vient d'encaisser un autre choc. Restons calmes.

Honnêtement, je suis à moitié convaincue. Je prononce des paroles qui me semblent complètement séparées de mes sentiments. Je suis tout aussi découragée qu'elle, mais je sens que je ne peux pas me laisser aller.

Il nous faut attendre encore trente minutes avant qu'une jeune fille vienne nous remettre un paquet de documentation, presque entièrement en anglais.

— Nous parlons français, lui dis-je.

— Désolée, les protocoles de recherche des compagnies pharmaceutiques sont rédigés en anglais, mais la documentation sur la chimiothérapie est disponible dans les deux langues.

Elle prend ensuite les coordonnées de ma mère et lui promet de la contacter sous peu, afin de prendre des arrangements, soit pour un traitement traditionnel, soit pour un protocole de recherche. Il faut que ma mère lise les informations et prenne une décision.

— Évidemment, si vous avez des questions, vous pouvez m'appeler entre 8 heures et 16 heures. Je vous ai laissé ma carte dans le cartable, dit-elle en s'éloignant déjà.

À 13 h 30, nous sommes de retour à l'extérieur. Il fait soleil, les gens profitent du beau temps pendant leur pause de dîner au centre-ville. Il y a des rires et des sourires. Pour nous deux, il n'y a que d'épais nuages noirs qui semblent loin de se dissiper.

11

— Mais qu'est-ce que tu penses que tu devrais faire, qu'est-ce que ton instinct te dit de faire ?

Ça doit faire au moins dix fois que je pose cette question à maman depuis quarante-huit heures. Nous sommes assises dans la salle à manger de son petit condo. Son état de santé s'est drôlement détérioré depuis notre visite chez l'oncologue. Sa respiration a recommencé à être laborieuse, il y a un bruit dans sa poitrine à chaque expiration. Les plaques rouges sont revenues.

J'ai téléphoné trois fois à l'assistante de l'oncologue pour avoir des détails sur certains protocoles et pour lui demander de passer le message au médecin que ma mère ne va pas bien. Nous n'avons pas de nouvelles. Aucun appel, nous sommes dans le néant.

— Peut-être qu'à partir du moment où tu choisiras ton traitement nous serons prises en charge par une personne-ressource. La première étape est de décider, lui dis-je pour essayer de rester concrète et pratique.

— Mais, Marie-Claude, je ne comprends pas la moitié des trucs écrits dans les documents, comment veux-tu que je sache quoi faire? Je ne suis même pas certaine de croire à la chimio. Une de mes amies m'a dit que Pierre Légaré s'est guéri d'un cancer en phase terminale sans traitement. Un véritable miracle que les médecins eux-mêmes ne comprennent pas. Je n'aime pas l'hôpital, je ne m'y sens pas bien.

— Alors il faut savoir ce qu'a fait Pierre Légaré. Je travaille avec sa fille, on va lui demander des conseils.

Ma mère retrouve tout à coup l'espoir.

— Vraiment? Tu vas lui parler?

— Mais oui, maman. En attendant, laisse-moi regarder à nouveau les documents ce soir, je vais faire des recherches sur Internet pour mieux comprendre, je vais te fournir des pages avec les éléments clés et on regardera ça ensemble en fin de semaine à Lake Placid.

Mon conjoint et moi avons décidé de louer un petit chalet dans les Adirondacks pour le weekend, histoire de distraire ma mère et de lui offrir un peu de tranquillité en contact avec la nature. Je me dis aussi que l'endroit est propice au recueillement et donc à la prise de décision.

— Et ton ami, qu'est-ce qu'il en dit?

— Je ne l'ai pas vu depuis ma sortie de l'hôpital. Il est chez lui, à Lancaster en Ontario. Je lui parle au téléphone, mais nous n'abordons pas vraiment le sujet.

Ce n'est rien pour aider quoi que ce soit. Je sais bien que parfois des couples se brisent à l'annonce d'une maladie, mais jamais je n'aurais cru que ce serait le genre de truc qui arriverait à ma mère.

Son conjoint est thérapeute, il me semble que ces gens-là sont de bons soutiens habituellement. Je vois que ma mère ne veut pas en parler, mieux vaut la respecter.

De retour chez moi deux heures plus tard, je commence mes recherches sur ce qui est arrivé à Pierre Légaré. J'appelle mon chum à Radio-Canada et je lui demande d'en faire de même. Il travaille avec son beau fils. À deux, nous aurons les informations.

Nous arrivons finalement tous les deux à la biologie totale, un courant de pensée mais surtout un domaine de recherche qui travaille sur l'hypothèse selon laquelle la maladie prend sa source dans un dérangement psychologique, un choc émotif, un grand stress. Les travaux du Dr Ryke Geerd Hamer ont donné naissance à la nouvelle école de pensée aussi appelée « méthode germanique » en raison du livre *La Médecine nouvelle germanique*, qui est l'ouvrage de base du Dr Hamer.

Je me rends compte que plusieurs chercheurs à travers le monde se penchent sur les liens potentiels entre les émotions et le cancer, souvent avec des interprétations contradictoires. Selon le Dr Hamer, chaque cancer connaît son origine dans un malaise émotionnel particulier. Pour lui, le cancer du poumon est lié à la peur de mourir. Chaque cancer se développe quelques mois, environ trois, après un choc émotionnel. Selon ses ouvrages et son site internet, des années de recherches scientifiques lui ont permis d'amasser des données empiriques au moyen de radiographies du cerveau. Des lésions dans le cerveau causées par des chocs nerveux seraient à l'origine des cancers.

Je m'aperçois aussi que le Dr Hamer est au centre d'une controverse monstre, qu'il est l'objet de poursuites judiciaires. Bref, il dérange la profession médicale. Malgré tout, je dois avouer qu'il y a là une piste à explorer. On entend souvent de la bouche même des médecins qu'un patient qui a un bon moral a plus de chances de s'en sortir, donc peu importe la controverse sur la biologie totale, les émotions sont partie intégrante de la guérison. Je veux croire au miracle et au pouvoir de guérison du corps.

Je commande donc le fameux livre dont parle Pierre Légaré dans les entrevues qu'il accorde, *Le Langage de la guérison*, de Jean-Jacques Crève-cœur. Comme il n'arrivera pas à la maison avant le week-end, je donne comme mission à mon chum de partir à la recherche d'une copie papier pour ma mère à temps pour le week-end à Lake Placid.

Il faut que je trouve le moyen d'alléger son sentiment d'impuissance. Il faut qu'elle prenne les rênes de sa santé en main et qu'elle retrouve l'espoir. Je lui procure également le livre *Anticancer* de David Servan-Schreiber, un ouvrage qui est sur ma table de chevet depuis que ma mère a reçu son diagnostic. Pascale, la voisine de mon père, me l'avait prêté.

J'ai aussi organisé une rencontre entre ma mère et Marie Pauline, mon amie et thérapeute qui est spécialisée dans les crises émotives. Il faut de l'aide professionnelle, moi-même je devrai bientôt consulter. Marie Pauline accepte de traiter ma mère chez elle, voyant l'urgence de la situation et la gravité du problème. Il y a des petits miracles dans la vie.

Nous voilà donc un peu mieux équipées pour partir au combat.

12

Les jours qui suivent sont à la fois plus encourageants et inquiétants. La découverte d'un univers d'informations sur le cancer, le contact à travers des ouvrages avec des battants et des survivants nous donnent de l'énergie et de l'espoir à toutes les deux.

Je me dis intérieurement que si nous sommes sur cette Terre pour apprendre et grandir, voilà une belle occasion de le faire. Ça, c'est quand je ne suis pas prise de panique ou d'angoisse. Pour ma mère aussi les choses commencent à changer. Au lieu de se refermer comme une coquille sur ses sentiments quatre-vingt-dix-neuf pour cent du temps, elle s'ouvre un peu. Même avant son diagnostic les choses n'allaient pas super bien dans sa vie. Elle cherchait désespérément sa voie professionnelle après avoir fait mille et une formations qui lui avaient coûté ses économies de retraite. Dix ans à se chercher sans vraiment travailler, ça donne un coup à l'épargne. Ma mère vivait donc déjà une angoisse économique et en même temps elle était découragée de voir que toutes les professions qu'elle essayait depuis son départ de l'univers de la publicité ne lui convenaient pas. Pas facile de relancer une carrière à cinquante-huit ans. Sa relation avec son conjoint des six dernières années bat de l'aile, et elle se cherche un port d'attache depuis plusieurs mois déjà.

Aujourd'hui, avec le verdict du cancer, elle n'a pas d'autre choix que d'examiner sa vie d'une manière différente. Elle a maintenant une voie clairement tracée, son rôle dorénavant est de se battre contre la maladie, du moins c'est comme ça qu'elle l'interprète. Les soucis économiques semblent bien secondaires quand on fait face à la mort. Elle aussi est paniquée et angoissée, mais plus elle lit, plus elle s'informe et mieux vont les choses. Je la sens moins impuissante. Les rencontres avec Marie Pauline, la thérapeute qui a accepté de la prendre sous son aile, sont également bénéfiques. Ma mère me dit qu'elle se rend compte que c'est un processus qu'elle aurait dû entamer il y a des années et que l'arrivée de Marie Pauline dans sa vie est une véritable bénédiction.

Le week-end à Lake Placid lui fait du bien. Elle n'est pas toujours la plus joyeuse des compagnes de voyage, même en temps normal, mais elle parle un peu plus de son enfance et des séquelles qu'elle a gardées toute sa vie adulte. Le cancer la force à faire face à des émotions qu'elle a jusque-là préféré garder profondément enfouies. Elle nous parle de ses deux frères avec qui elle a peu ou pas de contacts depuis la mort de ses parents.

Le problème, c'est que physiquement les choses ne vont pas bien. Depuis sa sortie de l'hôpital, elle n'a pas reçu de soins, ni même de suivi. On ne sait toujours pas quand elle commencera ses traitements de chimiothérapie, ni même encore si un protocole de recherche est disponible pour elle. Ça fait déjà trois semaines qu'elle est de retour à la maison, et c'est comme si l'hôpital tenait pour acquis que tout allait pour le mieux et que nous avions tout le temps du monde. Pourtant, nous appelons quotidiennement et les quelques fois où nous avons pu parler à l'assistante de l'oncologue, nous lui avons clairement dit que les symptômes qui l'avaient amenée au Royal-Victoria début septembre étaient de retour, avec en prime des palpitations cardiaques.

Ce qui devait arriver arriva et, le matin du 2 octobre, on s'est à nouveau retrouvées à l'urgence de l'hôpital.

— Ma mère était ici il y a trois semaines, on lui a diagnostiqué un cancer des poumons en phase 4. Elle n'a pas encore commencé de traitement, elle a de la difficulté à respirer, une douleur dans le dos et la poitrine. Elle ne peut pas se coucher complètement à l'horizontale et ne dort donc pas, dis-je à l'infirmière du triage.

— Allez l'enregistrer de l'autre côté, nous allons l'emmener dans le bloc C de l'urgence.

La voilà sur un lit roulant, l'oxygène dans les narines, c'est le jour de la marmotte.

Nous avons encore droit à un défilé de médecins, d'équipes médicales et d'internes qui demandent chaque fois qu'on explique à nouveau tout ce qui s'est passé depuis le début de septembre. Chaque fois nous leur demandons de consulter le dossier médical de peur d'oublier des détails. Ça passe le temps, mais c'est franchement épuisant. La grande différence, c'est que, forte de ses trois semaines de réflexion et de lecture, ma mère n'est plus la même patiente.

Elle s'exprime clairement, haut et fort. Au lieu de courber le dos et d'écouter les médecins, elle pose des questions pendant que je prends des notes. Elle réclame qu'on lui trouve quelqu'un qui puisse lui répondre en français quand elle ne comprend pas le jargon médical et elle ne se gêne pas pour donner sa propre interprétation de ce qui se passe dans son corps. Ça ne fait pas l'affaire des médecins, mais moi, je me dis que c'est beaucoup plus sain comme attitude.

Après une nuit à l'hôpital, il apparaît finalement clairement que ma mère a de nouveau du liquide dans les poumons mais aussi dans le péricarde, l'enveloppe du cœur. C'est la tumeur au poumon qui entraîne cette production de liquide dans son corps et, tant que la tumeur sera active, il y aura un risque élevé de crise cardiaque.

Pas question de simple ponction des poumons cette fois, il faut opérer dans la poitrine afin de faire une fenêtre dans le péricarde pour permettre au liquide de s'écouler naturellement dans le corps. C'est une opération fréquente mais dont le taux de réussite est faible parce que les patients qui ont à subir ce genre d'intervention sont habituellement très mal en point.

13

— À quelle heure aura lieu la procédure ?

— Ce n'est pas une procédure, Marie-Claude, c'est une opération.

— On me dit que c'est une procédure, maman, une procédure est une opération, mais c'est moins alarmant. Veux-tu me laisser m'accrocher aux mots ?

— Je sens que tout va bien aller. J'ai déjà rencontré le médecin qui va m'opérer et je lui fais confiance. C'est le chirurgien en chef et je ne sens pas que mon heure est venue, dit-elle en souriant.

Dans ma tête, je me dis qu'elle ne sentait pas non plus qu'elle avait le cancer, mais je me dis qu'il est préférable de la voir de bonne humeur et prête à se faire rouler en salle d'opération que l'inverse.

— Tant mieux, maman. C'est la meilleure chose. Combien de temps déjà ?

— Une heure maximum.

Il est 7 h 30 du matin. J'ai encore dû prendre congé de *Salut Bonjour*. Honnêtement, depuis mon retour à l'émission il y a deux semaines, j'ai la tête un peu ailleurs. Le camp d'entraînement du Canadien n'est pas ma priorité et je me sens souvent coupable de prêter si peu d'attention à mon travail. Même quand ma mère n'est pas hospitalisée et que je suis à la maison, mon cerveau ne fonctionne pas normalement et j'ai un grave manque de concentration pour tout ce qui n'est pas lié au deuil, à la mort ou à la maladie. Je fais des fautes d'inattention, je me trompe même dans des résultats de matchs ! Se tromper dans les scores, ce n'est vraiment pas fort de ma part, et je reçois souvent des courriels de téléspectateurs. Je ne suis pas non plus de très bonne compagnie ces temps-ci, même à l'extérieur du travail.

— Votre mère doit aller en salle d'opération, madame Savard, vous pouvez attendre dans la chambre ou au salon au bout du corridor, nous viendrons vous avertir dès que nous aurons des nouvelles.

Ma mère me sourit en partant.

Je ne peux pas rester à ne rien faire dans sa chambre, je choisis donc d'aller regarder la télé dans le salon des invités. Sur CNN, on ne parle que de la crise économique aux États-Unis, la Bourse est en déroute, de nombreuses familles américaines perdent leur maison, les grandes banques sont au bord de la faillite, les manufacturiers automobiles aussi. George W. Bush achève sa présidence comme il l'a commencée, dans la tourmente. L'automne 2008 n'est pas très réjouissant.

Je pense à mon amie Marie Pauline, thérapeute et écrivaine, qui aide tant de gens à se libérer des émotions qui opèrent des blocages dans leur vie. Je me demande ce qu'elle dirait de tout ça. Je pense aussi au frère André. Veille-t-il vraiment sur nous ?

Et mon père. Comment se fait-il que tout ça m'arrive, alors que, théoriquement, mon père veille sur moi ?

J'ai de la colère dans mon cœur et du désarroi. Une petite voix ne peut s'empêcher de résonner dans ma tête.

— Pourquoi moi ? Pourquoi nous ?

Je l'entends de temps à autre. J'ai des tensions incroyables dans le dos et dans les épaules. Je fonctionne sur une énergie nerveuse qui fait que je mange trop vite, trop peu et très mal. J'ai l'impression de toujours être en réaction à ce qui se passe, jamais centrée, jamais bien. Même au travail, je suis constamment tendue et sur les nerfs. En même temps je suis fatiguée, non, je suis épuisée. Il y a une partie de moi qui voudrait s'en aller. Prendre l'avion, lever les feutres et partir. C'est un immense cauchemar qui n'en finit plus.

8 h 30, ça fait une heure qu'elle est montée.

Et si ça durait des années, ce cancer ? Comment vais-je faire ? Là, je me dis que je suis égoïste. Ce n'est pas moi qui ai le cancer. J'ai perdu mon père, c'est dans l'ordre naturel des choses. Il y a des gens qui perdent des enfants. Je devrais m'estimer chanceuse. Au moins j'ai un bon travail, je ne manque de rien et j'ai le luxe de ne pas avoir d'enfants à m'occuper. Je n'ai que moi à gérer. Mais en même temps, comme je n'ai pas d'enfants, je n'ai plus de famille !

9 h 30. Ce n'est pas normal. Elle m'avait dit une heure. Pourtant, personne n'est venu me voir. J'étire la tête à l'extérieur du local, les infirmières sont affairées au bureau, il ne semble pas y avoir

d'urgence. L'infirmière de ma mère me fait un signe de tête en guise de réconfort.

Les minutes s'écoulent lentement pendant que la souris tourne à un rythme d'enfer dans ma tête. Tout y passe. Le lavage qu'il faudrait que je fasse, les recherches que je n'ai pas faites en vue de la saison de hockey, le groupe de soutien qu'il faudrait que je trouve à ma mère. Je devrais peut-être consulter ? Aller chercher de l'aide professionnelle ? Je ne peux pas compter juste sur mon chum, et si je néglige mon couple ? Là, je me retrouverais vraiment toute seule. Mais qu'est-ce que j'ai à toujours penser à moi ?

10 heures.

— Madame Savard, votre mère est en salle de réveil deux étages plus haut. Vous pouvez aller la voir.

10 heures. Il me semble que ç'a été long.

— Tout est sous contrôle, là-haut ?

— Je crois qu'il y a eu un petit incident avec sa pression sanguine, mais tout va bien maintenant.

Un incident avec sa pression sanguine… Arrivée au cinquième étage, je trouve ma mère encore somnolente sous l'effet de l'anesthésie. Elle me tend la main et me fait signe de m'approcher. Sa voix est faible et éraillée et ses yeux sont hagards.

— Ça n'a pas bien été. Il y a quelque chose qui ne va pas.

— Quoi, qu'est-ce qui ne va pas ?

Elle a les yeux fermés. Pas de réponse. Je me tourne vers le poste d'infirmière, qui est en fait un bureau le long du mur.

— Madame, est-ce que tout s'est bien déroulé ?

— À ce que je sache, oui. Elle devrait partir d'ici dans environ trente minutes pour retourner à sa chambre. Il serait préférable que vous attendiez de l'autre côté de la vitre, dans le hall. Il y a des risques d'infection quand les gens arrivent de l'extérieur. Il vaut mieux ne pas la toucher et la laisser se reposer.

Je chuchote à mon tour.

— Maman, je suis juste de l'autre côté. Je t'attends là-bas, nous allons remonter à la chambre ensemble. Tu me raconteras ce qui s'est passé.

Elle a toujours les yeux fermés.

14

— Je te dis, Marie-Claude, ils m'ont piquée quelque
part où il ne fallait pas pendant l'opération,
j'ai senti ma pression chuter. Il y a eu de la panique
autour, un autre médecin est arrivé. Je l'ai entendu
dire : « Mais qu'est-ce que vous avez fait ? » et ensuite
il a pris les choses en main. Je ne me souviens pas
trop du reste, mais je sais qu'ils ont fait quelque
chose de pas correct et, depuis, je ne me sens
pas bien.

— Mais comment tu te souviens de ça ? Tu
n'étais pas endormie ?

— Pas complètement.

— Tu as senti la douleur ?

— Non, pas la douleur, mais la chute de pression, oui.

— Alors là, je ne sais pas quoi dire. Es-tu certaine que ce n'était pas un rêve ?

— Je suis malade, mais je ne suis pas folle. Je te
dis que quelque chose s'est mal passé.

— OK. L'important, c'est que là tu es ici et que
ça semble bien aller. Je vais questionner le médecin
quand il va venir plus tard. En attendant, repose-
toi. Tu es en vie et, si je regarde à travers les tuyaux

qui te sortent de partout, le liquide s'écoule, c'était le but de l'intervention.

— Je respire un peu mieux, me dit-elle avant de fermer les yeux.

Il est midi. Il faudrait que je mange, mais l'odeur de l'hôpital me coupe l'appétit et le liquide qui s'écoule des tuyaux qui sortent des côtes de ma mère me donne le tournis. Il y en a du jaune et du rouge avec des morceaux en suspension. Ce n'est pas très réjouissant, tout ça.

Au moins, j'ai réussi à me faire des amis au poste d'infirmière et je peux maintenant utiliser leur salle de repos comme bon me semble. J'ai accès à un ordi, Internet, un téléphone et une bouilloire électrique. Avec un thé et une ligne téléphonique, ma vie est plus agréable. J'appelle mon chum.

— Je ne sais pas quoi faire. Il s'est passé quelque chose pendant l'opération mais je ne sais pas quoi. On me dit que tout va bien, mais en même temps ç'a pris trois fois plus de temps que prévu et ma mère a entendu des choses.

— Ta mère a entendu des choses ?

— Un médecin serait arrivé et aurait questionné les autres sur une erreur qui serait survenue.

— Je vais venir te rejoindre après le travail et je leur ferai un peu peur, si jamais ils ne te disent rien. Je ferai le beau-fils malcommode.

— C'est bon, parce que moi, il faut que je reste gentille, sinon je perds mes privilèges.

— Tes privilèges ?

— Téléphone, ordi et bouilloire pour le moment, je travaille sur le micro-ondes et le frigo pour demain, lui dis-je en riant.

N'empêche que ce n'est pas évident de savoir quelle attitude adopter. La douceur ou la fermeté ? Qu'est-ce qui fonctionne le mieux ? Pour le moment, je préfère la méthode douce. Il suffit d'une crise pour que tout le monde me traite de diva. Quand on fait de la télé, il faut faire attention, on passe rapidement pour une vedette en crise. Pour le moment, ma mère reçoit ses soins, le personnel est attentif et sympathique.

Assise sur ma chaise, droite, dans le coin de la chambre, je commence à somnoler. Le pire est fait pour la journée. J'ai les jambes molles d'avoir été tellement stressée. Ma mère dort. Tout va bien.

J'ouvre les yeux et j'entends un bruit sur une des machines derrière ma mère.

Bip, bip, bip.

Deux infirmières entrent en trombe. Je me lève, me tasse et j'essaie de prendre le moins de place possible. Maman ouvre les yeux, redresse le haut du corps avec énergie et se met à vomir partout, elle a les yeux qui se révulsent, les machines sonnent. Un médecin arrive en courant, me demande de sortir.

On ferme les rideaux de la fenêtre de la chambre. À l'étage des soins intensifs du service de cardiologie, où elle se trouve depuis le début de l'après-midi, il y a beaucoup de patients, les infirmières en ont plein les bras. Rien qu'à voir la charge de travail et la lourdeur des cas, je comprends qu'elles soient un peu raides par moments. Quatre patients sont sortis de chirurgie cardiaque presque simultanément aujourd'hui.

Le cardiologue ouvre la porte de la chambre, se dirige vers l'ordinateur, consulte le dossier de ma mère.

— Elle a un problème de pression sanguine.

— Est-ce qu'il y a eu un problème pendant l'opération ?

Le médecin disparaît à nouveau dans la chambre. Quelques minutes plus tard, tout s'est calmé. Ma mère respire mieux. Elle semble s'être rendormie. Je reprends ma place à ses côtés.

Tout d'un coup, une mare de sang envahit le corridor, je sors la tête et entrevois l'homme qui occupe la chambre d'à côté, il semble que les points de suture sur sa poitrine se soient ouverts et qu'il y ait du sang partout. Une fontaine de sang. Toutes les infirmières sont dans sa chambre avec le médecin, un interne appelle la salle d'opération pour des renforts. Au même moment, les machines de ma mère se remettent à sonner, elle ouvre les yeux et vomit de nouveau.

Je me précipite chercher de l'aide, un des infirmiers quitte la chambre du voisin pour venir m'aider. Pendant qu'il s'occupe des machines, je mets un bol sous le cou de ma mère et je cours à l'extérieur chercher des serviettes et une débarbouillette mouillée sur le chariot dans le corridor. La crise dure seulement cinq minutes cette fois, ma mère gémit, vomit, tremble, elle a froid, ensuite elle a chaud, sa pression se replace, puis elle se remet à somnoler.

Dix minutes plus tard, le bal recommence et ainsi de suite pendant plus de trois heures. En fin de journée, une équipe médicale cœur-poumons arrive dans sa chambre pour essayer de comprendre ce qui se passe. J'ai beau leur expliquer les symptômes, personne n'a l'air de trouver la cause exacte. Ma mère n'est pas vraiment en mesure de s'exprimer. Tout ce qu'elle dit, c'est que les antidouleurs lui donnent mal au cœur. Les infirmières ont changé de dose et de médicaments toute la journée, ajouté des médicaments contre la nausée à son cocktail d'intraveineuse, rien n'y fait.

— Madame Savard, est-ce que je peux vous voir un instant à l'extérieur?

Je sors dans le corridor vert déprimant.

— Est-ce que votre mère a mis ses affaires en ordre?

Ses affaires en ordre?

— Je vous demande si elle a fait son testament et si elle souhaite être réanimée.

— Le testament, je ne sais pas. La réanimation, tout dépend de ce qu'il y a après. Êtes-vous en train de me dire qu'elle est mourante?

— Son état de santé est inquiétant. Sa pression sanguine monte et descend, et nous ne comprenons pas pourquoi. Tout peut arriver à ce moment-ci, surtout qu'elle a un cancer en phase terminale.

— Elle sait qu'elle a un cancer depuis seulement trois semaines. Elle est quand même en bonne condition physique à cinquante-huit ans. On m'avait dit qu'il s'agissait d'une simple procédure. Expliquez-moi donc ce qui s'est passé.

— Rien de grave. Lors de l'opération, il a fallu faire une incision et un des instruments a touché un organe. Votre mère a alors fait une chute de pression. C'est ce que nous pensons pour le moment, ça pourrait être autre chose aussi.

— Quel organe ?

— Peut-être le foie, mais je ne crois pas que ce soit à l'origine de son malaise actuel.

— Peut-être le foie… Bon, de toute façon, ce qui est fait est fait, on aura l'occasion de s'en reparler. Ce qui compte, c'est ce qui se passe maintenant. Que comptez-vous faire ?

— Nous lui donnons des médicaments pour stabiliser sa pression sanguine, elle reçoit des antidouleurs, des médicaments contre la nausée, il faut simplement espérer qu'elle passe au travers.

Il est 17 heures. Ma mère a encore des spasmes de temps à autre, mais moins fréquemment. Elle a surtout l'air faible et désorientée. C'est bientôt le changement de garde chez les infirmières, l'étage est plus calme. Mon conjoint arrive avec un plat de pâtes pour moi. Il y a seulement une chaise dans la chambre de ma mère, alors je m'assois sur le bol de toilette roulant. Au diable le cœur sensible, je suis affamée, je gère du vomi depuis des heures, même le liquide dans les tubes ne vient pas à bout de mon appétit et je mange à grandes bouchées. Le problème, c'est que l'odeur donne des nausées à ma mère. Quand elle recommence à vomir, je suis trop épuisée pour faire autre chose qu'un signe à Christian de s'en occuper pendant que je sors manger debout dans le corridor.

Vers 20 heures, maman s'est calmée. Elle est assommée par les antidouleurs et ne semble pas vraiment cohérente mais, de temps à autre, elle ouvre les yeux et je peux quand même lui parler un peu.

— Comment s'est passée l'opération ? demande-t-elle lentement.

— L'opération ? Mais, maman, tu me disais tantôt que tu croyais que ça s'était mal passé. On en a parlé ensemble ce matin et encore vers midi.

— Ah oui ? Quand ?

— Ce matin. Il est passé 20 heures, ça fait des heures que tu es mal en point. Tu ne te souviens de rien ?

— On est le soir, dit-elle d'une voix fatiguée. Je ne me souviens pas de grand-chose.

— Tu as beaucoup vomi, tu as eu des chaleurs, des coups de froid, ta pression sanguine fait des montagnes russes, et tu as de la difficulté avec les antidouleurs.

— Ah bon, ça doit être pour ça que je suis fatiguée.

Elle se rendort.

— Il faudrait songer à rentrer, Marie-Claude. Il faut que tu dormes un peu si tu veux être en forme demain. Les journées sont longues à l'hôpital et tu devras retourner travailler bientôt, me dit mon chum.

— Je ne vois pas comment je pourrais m'en aller. Tout à l'heure, un médecin m'a demandé si ma mère avait fait son testament.

— Ils demandent toujours ça quand un patient est aux soins intensifs, ça et si le patient veut être réanimé. Nous sommes à vingt minutes de route. Laisse-leur ton numéro, s'il y a quoi que ce soit, nous aurons le temps de revenir.

— Laisse-moi encore une heure pour être certaine que tout va mieux.

En rentrant à la maison, je tente de joindre le conjoint de ma mère, je lui laisse finalement un message pour lui dire que l'opération a été difficile, que les médecins croient que sa vie est en danger et qu'il faudrait vraiment qu'il vienne en renfort, peu importe l'état de leur relation.

Cette nuit-là, je dors avec le téléphone sans fil et le téléphone cellulaire à côté de mon oreiller. Je rêve de retrouver un jour ma vie joyeuse. J'aurais le goût d'aller magasiner, souper au resto, lire un livre en paix, aller au cinéma, sortir avec mes amies. Rire, rire et rire encore. Je m'ennuie de moi, de la légèreté que j'ai habituellement dans mon cœur et de cette envie de vivre que j'ai peur d'avoir perdue quelque part dans toute cette noirceur. Je commence à être sérieusement écœurée et je me sens coupable, mais j'en ai aussi assez de me sentir coupable. Je veux que toute cette histoire s'arrête maintenant, que la vie reprenne son cours. Si je réalisais le film de ma vie, disons que je couperais un méchant paquet de scènes et j'en arriverais au dénouement. Cinéma, quelqu'un a dit cinéma ? Pas le temps d'aller voir un film.

15

La solution rapide pour équilibrer un peu ma vie ? Retourner au travail. Tant qu'il y a de la télé, il y a de la vie ! Quand j'étais enfant et que les choses allaient mal, je m'évadais dans l'univers du petit écran. Les heures passées dans les studios et les régies avec mon père restent gravées dans ma mémoire comme des moments de pur bonheur. Travailler, même si c'est à 3 heures du matin, me rattache à la femme que je suis profondément. Quels que soient les tourmentes et les drames, je suis essentiellement joyeuse, optimiste et surtout prête à aller en ondes ! Il n'y a rien de tel qu'entendre « *cue* Marie-Claude » pour que je me sente bien, à ma place. J'ai eu maintes occasions dans ma vie de me tester dans les situations les plus extrêmes, dans les plus grands désespoirs et, en bout de ligne, la lueur d'espoir ne s'éteint jamais complètement. J'ai toujours fondamentalement le goût de rire et de faire un coup pendable ! Là, il faut que je me reconnecte avec mon essence, et ça ne se fera pas à l'hôpital.

— On devrait aller luncher bientôt, Brigitte. Prochaine belle journée, on se *booke* une terrasse et une bouteille de vin blanc.

Il est 6 h 20, j'attends de faire mon bulletin à LCN. Brigitte Bédard attend son tour pour livrer ses informations météo.

— T'es sûre ? Il me semble que t'en as pas mal sur les bras, ces temps-ci.

— Justement. Il faut que je prenne l'air.

— Tu sais, t'aurais pu prendre encore quelques semaines de congé, Marie-Claude, personne n'aurait levé le sourcil.

— C'est le contraire, j'ai besoin de me faire maquiller, coiffer, de mettre mes talons hauts et de vivre autre chose que l'hôpital et le salon funéraire. J'en ai soupé des drames. C'est ben plate de se lever pour aller directement à l'hôpital. Là, au moins, je viens vivre autre chose de plus l'fun avant d'y aller. J'aime mieux être fatiguée et de bonne humeur que reposée et déprimée. Sérieusement.

— Oui, mais ce n'est pas fini tout ça et il faut que tu fasses attention à ta santé.

— Justement, on s'en va luncher cette semaine. Point final. Loin du Royal-Victoria, s'il vous plaît.

Quelle joie de me raccrocher à l'horaire du Canadien ! Rien de tel qu'un peu de hockey pour remettre les choses en perspective. Il n'y a rien de tel non plus que de cacher le nouveau cellulaire de Gino dans le décor, mettre la sonnerie au maximum et l'appeler pendant qu'il est en ondes. Ça fait du bien de mettre de la sauce aux prunes sur ses rôties et d'organiser une course de baignoires électriques dans le sous-sol de TVA. Je suis contente de voir que les téléspectateurs se sont ennuyés de moi.

Évidemment, la plupart des gens autour s'inquiètent de me voir au travail, de bonne humeur comme si de rien n'était. Je vois dans leurs yeux l'hypothèse selon laquelle je suis en déni total par rapport à ce qui se passe dans ma vie, que j'enfouis mes émotions et que je fais semblant. Dans le corridor, c'est toujours : « Pauvre Marie-Claude, c'est épouvantable ce qui t'arrive ! »

Il faut se le dire une fois pour toutes : la pitié ne fait jamais de bien à personne. Pas aux gens qui en ressentent et certainement pas à ceux qui la reçoivent. Oui, je nage dans une tragédie grecque. Oui, je suis toute seule là-dedans, parce que, honnêtement, mon conjoint n'est pas un grand soutien ces temps-ci et j'ai souvent l'impression qu'il en a assez lui-même. Oui, on est tous « à boutte », mais une chose est certaine dans mon esprit : je vais m'en sortir, et j'ai une certitude, c'est que pour m'en sortir il faut que je m'écoute. J'ai le goût de parler de hockey, alors c'est ce que je vais faire et mêlez-vous de vos affaires !

16

É videmment, après le hockey, il y a l'hôpital…
— Si je comprends bien, la tumeur produit
le liquide qui s'accumule dans les poumons et le
péricarde de ma mère. Pour le moment, les tuyaux
suffisent à le drainer. Tant que la tumeur est active,
il y aura du liquide, et la tumeur sera active tant
qu'elle n'aura pas commencé sa chimio. Mais elle
ne peut pas commencer la chimiothérapie tant
qu'elle a des tubes entre les côtes et vous ne voulez
pas lui enlever les tubes tant qu'elle n'aura pas commencé sa chimio ?

Il est 10 heures. J'ai la tête qui tourne.

— En fait, l'oncologue ne veut pas commencer
les traitements tant que votre mère ne va pas mieux,
me répond le médecin responsable de l'étage de
cardiologie.

— Mais elle n'ira pas mieux tant qu'elle n'aura
pas commencé ses traitements.

— C'est fort probable, me répond le médecin.
En revanche, de notre côté, nous ne sommes pas
à l'aise de lui enlever les tuyaux de drainage et de
la laisser sortir tant qu'elle n'a pas commencé sa
chimiothérapie.

C'est la maison des fous…

— Alors on s'en sort comment ?

— Eh bien, il faut espérer qu'elle ira mieux dans les prochains jours, assez pour nous convaincre de la laisser sortir de l'hôpital et qu'elle puisse commencer ses traitements contre le cancer en clinique externe. C'est ce que souhaite l'oncologue. Nous, de notre côté, ne sommes pas à l'aise avec cette façon de faire, mais si votre mère va vraiment mieux, nous pourrions reconsidérer.

— La dernière fois qu'elle est sortie, elle a été bien pendant presque un mois, mais personne de la clinique externe d'oncologie ne nous a contactées pour commencer les traitements. Comment savoir qu'elle ne va pas encore se retrouver dans la même situation ?

— Je ne peux pas vous répondre puisque je ne travaille pas en oncologie, mais c'est clair que si votre mère réussit à sortir de l'hôpital sur ses deux jambes, ce qui semble peu probable à ce moment-ci, alors il faudra que le suivi soit plus adéquat.

Que dire de plus ? Il y a maintenant trois jours que l'état de Louise s'est stabilisé, elle n'est plus aux soins intensifs du département de cardiologie et, en fait, l'hôpital ne sait pas très bien où la garder. En oncologie ou en cardiologie ? C'est un autre débat auquel je n'ai pas besoin de me mêler pour l'instant.

— Maman, tu es trop maigre, il faut que tu prennes des forces, qu'on te sorte d'ici pour que tu commences tes traitements, est-ce que tu me comprends ?

— Oui, mais je n'arrive pas à manger la nourriture ici, ça me lève le cœur et je ne dors pas à cause du bruit. Je suis au désespoir de m'en sortir. Je veux juste commencer la chimiothérapie.

Nous sommes à six jours de l'Action de grâces.

— Voici le plan de match : je m'engage à t'apporter trois repas par jour pendant les six prochains jours. Des repas faits maison. En revanche, tu me promets de boire aussi des substituts de repas dans la journée pour engraisser. Je vais passer moins de temps ici dans la journée, je vais venir seulement aux heures de repas et te faire manger, te gaver s'il le faut. Je vais demander au médecin de te prescrire des somnifères pour les chevaux et tu vas dormir. Dans six jours, pour l'Action de grâces, tu sors d'ici sur tes deux jambes et, la semaine suivante, tu commences la chimio, est-ce que c'est clair ?

— Oui, c'est clair pour toi, mais je ne pense pas que ça peut se passer comme ça, à en juger par ce que les médecins me disent. L'oncologue ne veut pas commencer les traitements et les cardiologues ne veulent pas me laisser sortir, à moins que je commence les traitements.

— Oublie les médecins, je m'en occupe, et reste concentrée sur ce que je te dis.

— Marie-Claude, mon chum et moi, c'est terminé, me dit ma mère, les larmes aux yeux.

Un autre obstacle. Il l'a abandonnée. Il faut que son moral reste fort. Je ne peux pas l'aider à traverser sa peine d'amour et passer mon temps aux fourneaux, alors j'appelle Marie Pauline, qui a maintenant officiellement accepté ma mère comme patiente, et je lui demande de me faire la faveur du

siècle et de venir la rencontrer en urgence à l'hôpital pour lui parler et faire un peu de travail de
thérapie avec elle.

Marie Pauline arrive en début d'après-midi,
comme un ange blond lumineux. Un rayon de
soleil passe sur le visage de ma mère. Ses relations avec les autres ont été ardues toute sa vie.
C'est une femme foncièrement solitaire qui a du
mal à cultiver ses amitiés. Sa vie amoureuse n'a
jamais été très enrichissante non plus : à part son
ex-chum, qui vient de la quitter après six ans de
fréquentation, elle a seulement eu quelques relations de courte durée en trente ans, depuis son
divorce. Elle ne fait pas confiance aux autres et elle
est même parfois désagréable dans une situation
sociale. De voir que quelqu'un accepte de l'aider
sans rien demander remet en question les fondements mêmes de sa façon d'envisager les autres.
Quand j'étais enfant, elle me disait : « Arrange-toi
seule avec tes affaires, tu ne peux compter sur personne. » C'est une phrase qu'elle me répétait souvent
et, chaque fois, je me disais que c'était bien triste
comme façon de voir les choses, surtout venant de
ma mère, sur qui je devais normalement pouvoir
compter.

Bien que je sois devenue une femme indépendante et autonome, je n'ai jamais vraiment adhéré à
sa philosophie. Je me suis permis de compter sur les
autres, et vice versa, et même quand je suis déçue,
ça ne me fait pas perdre confiance. Mieux vaut
entrer pleinement en relation au risque d'avoir de
la peine que rester isolée dans un coin. C'est ma
façon à moi de voir les choses.

Bref, l'attitude de Marie Pauline envers ma mère, son acceptation complète et sans jugement et sa générosité ont ébranlé les colonnes de son temple. Ma mère n'a pas d'autre choix que d'accepter d'être vulnérable et elle sait très bien que, dans sa condition actuelle, elle doit s'en remettre aux autres. C'est une épreuve personnelle énorme pour elle, et je pense qu'au-delà de la nourriture et de l'environnement c'est ce qui est le plus difficile à vivre à l'hôpital. Elle ne sait pas recevoir et ne sait pas non plus comment communiquer adéquatement. Elle voudrait retourner panser ses plaies, seule chez elle.

Mais là, nous sommes ici pour parler de son chum.

Je ferme les rideaux, la lumière et la porte de la chambre, j'allume une chandelle blanche et j'explique aux infirmières qu'on va faire une « séance » de groupe. Elles ont un sourire un peu exaspéré. Je crois qu'elles nous trouvent plutôt excentriques d'organiser une thérapie de groupe en plein hôpital. Moi, je me dis que le moment est propice. Mieux vaut faire sortir les émotions tout de suite que de risquer qu'elles causent d'autres dommages à la santé de ma mère. On n'a pas de temps à perdre.

— Louise, j'aimerais que tu me dises comment tu te sens en ce moment, quels sont tes sentiments, lui demande Marie Pauline.

— Je me sens trahie, abandonnée, seule, j'ai de la peine, dit ma mère en pleurant. Je me sens comme un sac de vidanges qu'on laisse sur le bord de la route.

Marie Pauline prend des notes et relance ma mère pour qu'elle raconte encore plus en détail la frustration et la colère qui l'habitent.

— Je me sens comme si je ne comptais pas, comme si je n'étais pas assez bonne pour être aimée, comme si j'étais de trop.

— Louise, j'aimerais maintenant te relire tout ce que tu m'as dit depuis quelques minutes et je veux que tu recules loin en arrière, pour voir à quel moment, dans ta vie, tu t'es sentie rejetée, seule, pas assez bonne pour être aimée, comme un sac de vidanges sur le bord de la route. La première fois que tu t'es sentie comme ça, c'était quand ?

Ma mère éclate en sanglots.

— Quand j'étais petite et que ma mère me faisait sentir comme si j'étais de trop, comme si je n'étais pas aussi bonne à aimer que mon frère aîné. Ça remonte à mon enfance.

— J'aimerais que tu fermes les yeux, que tu te relaxes. Respire profondément, laisse-toi aller et retourne à ton enfance, décris-moi l'endroit où tu es et comment ça se passe pour toi. Retourne voir la petite Louise. Elle a quel âge ?

— Je ne veux pas retourner là. Je ne me souviens de rien, je ne peux pas raconter comment ça s'est passé.

— Respire profondément et parle-moi, dis-moi ce qui te vient à l'esprit et les images vont arriver.

— Je me souviens que ma mère me disait souvent que j'étais laide, pleine de taches de rousseur. Elle ne me prenait jamais dans ses bras, elle me donnait mon petit frère et me demandait de m'occuper de lui. Elle ne valorisait que mon grand frère, jamais nous, et mon père ne disait rien pour me défendre. Il ne parlait pas, il ne voulait pas voir ce qui se passait, il restait immobile en faisant semblant que tout allait bien.

— Donc, la petite Louise n'a jamais eu l'amour qui lui aurait permis de développer sa confiance en elle.

Marie Pauline vient de toucher le bobo. Cette dynamique familiale a toujours hanté ma mère. Elle se méfie des autres, laisse entrer les mauvaises personnes et reste persuadée inconsciemment qu'elle n'est pas aimable.

L'avantage d'être dans un état d'hypnose ou de relaxation profonde, c'est que ma mère se laisser aller et parle du parallèle qu'elle trace entre son chum et son propre père. Elle est encore confrontée à des événements de son enfance qu'elle n'a pas vraiment exorcisés. Elle ne s'aime pas, ne sait pas comment faire pour y arriver. C'est une séance très chargée au cours de laquelle elle est secouée par les sanglots et la colère. Elle se libère d'émotions qu'elle n'a pas exprimées dans son enfance. Après une heure, Marie Pauline juge que c'est suffisant pour la journée.

— Maintenant, j'aimerais que tu visualises la petite Louise, celle qui est malheureuse avec sa famille. J'aimerais que tu la prennes dans tes bras et que tu lui dises que tout ça est terminé. J'aimerais que tu la sortes de cet environnement nocif pour elle et que tu l'emmènes dans un endroit où elle est en sécurité et entourée d'amour.

Ma mère pleure encore.

— J'aimerais que tu lui dises qu'en ce treizième jour d'octobre 2008 elle peut laisser aller cette conviction qu'elle n'est pas bonne à aimer. À compter d'aujourd'hui, Louise mérite d'être traitée avec amour et respect, à commencer par elle-même.

Ma mère hoche la tête et, après quelques minutes, elle ouvre les yeux. Elle est épuisée, mais plus calme.

Moi aussi je me sens beaucoup plus sereine en quittant l'hôpital, et je prends Marie Pauline dans mes bras pour la remercier. Je ne me suis jamais sentie aussi proche de ma mère. Ça me fait du bien de la comprendre un peu mieux et ça met en perspective mes propres blessures d'enfance. Moi aussi, j'ai eu des moments de souffrance avec elle. Je l'ai souvent sentie fermée, agressive, dépressive par moments, et cela a causé beaucoup d'insécurité chez moi. Notre vie n'a pas été facile après le divorce, il n'y avait pas beaucoup de joie et de chaleur chez nous, et j'en ai longtemps voulu à ma mère. J'ai dû faire pas mal de thérapie à l'adolescence pour apprendre à prendre mes distances et avoir une relation harmonieuse avec elle.

Aujourd'hui, je me dis que moi aussi j'ai envie de passer à autre chose et, même si j'ai l'impression de l'avoir fait, je suis persuadée que j'ai encore des résidus d'émotions dans mon for intérieur.

La grande chance que j'ai en ce moment, c'est que contrairement à ma mère, qui ne peut pas exprimer de vive voix ces choses-là à sa propre mère, moi je peux toujours. Il est clair qu'il faut que j'en profite, en temps et lieu. On a des choses à se dire, elle et moi.

Ce soir-là, mon chum se rend chez ma mère pour récupérer quelques effets personnels pendant que je me repose un peu. À sa grande surprise, il trouve l'ex-ami assis dans le salon, devant la télé, comme si rien ne s'était passé. Christian n'est pas très tendre à son endroit : il lui demande de quitter les lieux immédiatement et de lui rendre les clés. La relation est terminée, les privilèges aussi. Non mais, quand même !

17

Le lendemain, ma mère est très émue lorsque je lui raconte l'incident. Je ne crois pas que beaucoup de gens aient défendu son honneur dans sa vie. Les choses commencent à changer.

Il y a aussi une meilleure harmonie entre nous. On dirait qu'un voile est tombé. Je sens qu'on ne fera plus semblant à compter de maintenant, et l'atmosphère est allégée. Cela dit, il y a encore des problèmes à régler. Après lui avoir fait manger de la soupe aux légumes vers 11 h 30 et lui avoir laissé sa collation et son souper, je sors enfin luncher avec mes copines de TVA.

Brigitte Bédard est présentatrice météo à LCN le matin et Julie Couture est chef d'antenne aux nouvelles, elle a aussi déjà travaillé à *J.E.* Je connais Julie depuis que nous avons travaillé ensemble à Radio-Canada, et nous nous sommes liées d'amitié avec Brigitte alors que nous travaillions toutes les trois le matin. Même si nous ne sommes plus toutes sur le même horaire, nous avons gardé l'habitude de nous voir au moins une fois par mois pour nos dîners de «sacoches». C'est l'occasion de ventiler, de bien manger et de se laisser aller un peu entre amies.

Je leur raconte mes déboires avec l'hôpital, le fait que je n'arrive pas à faire entrer ma mère dans un protocole de chimio. Je me rends compte que l'attente d'un mois aurait pu lui être fatale, et ma confiance envers le système de santé est faible. À mon grand soulagement, mes copines sont aussi choquées que moi de la façon de faire.

— Tu devrais appeler les relations publiques de l'hôpital et utiliser ton statut de personnalité publique pour faire bouger les choses.

— Je ne peux pas, Julie, tu vois le scandale?

— Mais c'est une question de vie ou de mort, Marie-Claude. N'importe qui ferait la même chose. Tu ne demandes pas des privilèges, tu demandes des soins. Tu ne veux pas passer plus vite sur une liste d'attente, tu demandes qu'ils se concertent et fassent leur travail de manière efficace et responsable. Au contraire, le scandale, c'est ce qui se passe à l'hôpital. Si j'étais à *J.E.*, je considérerais un reportage comme celui-là, me dit Julie.

— Dans le fond, tu utilises ta notoriété pour dénoncer, ajoute Brigitte.

— Oui mais, les filles, je n'ai pas d'énergie pour dénoncer. Je ne veux pas faire un chiard avec cette histoire-là. Elle reçoit quand même de bons soins, ce n'est pas tout noir, c'est juste une histoire de bureaucratie. Tout ce que je veux, c'est qu'on s'entende sur la marche à suivre. Il faut que tout le monde travaille dans le même sens et au plus vite.

Tout d'un coup, Julie prend mon téléphone cellulaire et compose le numéro de l'hôpital.

— J'aimerais qu'on me transfère au département des relations publiques, s'il vous plaît, dit-elle avec sa voix de chef d'antenne.

Après quelques minutes d'attente :

— Bonjour, ici Julie Couture, de la salle des nouvelles de TVA, je vous appelle concernant une patiente chez vous qui se nomme Louise Myrand. Oui, M, Y, R, A, N, D. Mme Myrand est la mère d'une de nos collègues que vous connaissez sûrement, Marie-Claude Savard, de *Salut Bonjour*. Mme Myrand est prise dans une querelle bureau-cratique entre vos départements de cardiologie et d'oncologie qui l'empêche de recevoir des soins qui sont essentiels à sa survie. Je vous laisse mes coor-données et j'aimerais avoir des nouvelles le plus rapidement possible. Il est entendu que nous sur-veillons de près ce dossier. Merci.

Elle me glisse le téléphone à travers la table.

— Ton chum devrait appeler de Radio-Canada et lui dire la même chose. Il faut les réveiller, ces gens-là. Ça va peut-être en aider d'autres. Voyons donc, des histoires de querelles quand quelqu'un se bat pour survivre ! conclut Julie d'un air outré.

Finalement, après trente minutes de débat au cours duquel il me dit qu'il ne veut pas s'en mêler, mon conjoint accepte de faire la même chose en appelant au nom de la salle des nouvelles de Radio-Canada. Éthiquement parlant, je ne suis pas certaine que ce soit la chose à faire, mais en bout de ligne, c'est une question de vie ou de mort. Si je ne fais rien et si ma mère meurt sans avoir eu ses traitements de chimiothérapie, j'en aurai pour des années à surmonter la culpabilité. Je suis sûre que, dans ce genre de situation, tous les moyens sont bons.

Ce soir-là, vers 18 heures, la responsable des relations publiques de l'hôpital m'appelle sur mon cellulaire pour me dire qu'elle a pris connaissance du dossier, rencontré les responsables des deux départements et qu'un plan de traitement rapide a été mis en place. Elle m'informe aussi que le chirurgien en chef va me téléphoner pour m'expliquer ce qui s'est passé pendant son opération. Pourtant, je n'ai parlé de l'opération à personne. Ces derniers commentaires me laissent perplexe. Il s'est donc passé quelque chose.

Finalement, il est convenu que ma mère commencera la chimio dans deux semaines à l'hôpital ou en clinique externe. D'une manière ou d'une autre, elle recevra des soins. Si le département de cardiologie juge qu'elle est apte à sortir et à recevoir ses traitements en clinique externe, ce qui est la meilleure des options selon l'oncologue, alors ce sera fait de cette façon, sinon ce sera de son lit d'hôpital.

La nouvelle donne un peu de force à ma mère et son moral s'améliore d'heure en heure. La perspective de sortir est suffisante pour la convaincre de se gaver de substituts de repas, même si elle en déteste le goût.

Contre toute attente et après une opération de persuasion soutenue de ma part, le dimanche 19 octobre, elle sort de l'hôpital sur ses deux jambes. Elle a pris cinq livres en six jours, mais elle est encore beaucoup trop maigre. Il a fallu que je m'engage à être sa garde-malade, à changer ses pansements et à la garder chez moi jusqu'à ses premiers traitements de chimio.

C'est une énorme victoire pour nous deux, mais la guerre n'est pas encore commencée.

Deuxième partie

Le dernier bout de chemin

1

— Tu es comme la majeure partie des artistes que je traite ici. Tu as un besoin viscéral de te faire aimer au détriment de ta propre personne. Au lieu de dire la vérité et d'assumer tes sentiments, tu fais ce que les autres attendent de toi, de peur qu'ils ne t'aiment plus. Tu te fais du mal, tu t'empêches de vivre et tu ne fais de bien à personne autour. Il est grand temps de prendre ta propre place.

Denise est une thérapeute qui m'a été recommandée par mon amie Isabelle. Elle rencontre les gens chez elle et se spécialise dans les relations interpersonnelles. Elle traite plusieurs personnes qui travaillent dans le domaine des communications. Il semble que nous ayons des *patterns* communs. Le sentiment d'abandon et le besoin de plaire, par exemple. Je suis certaine que ce n'est pas une mécanique mentale réservée aux artistes, mais disons que les créatifs ont une propension à ce genre de dysfonctionnement.

— Raconte-moi un peu ton enfance.

— Mon père a quitté la maison quand j'avais cinq ans et mon monde s'est écroulé. Avant son départ, nous avions une petite vie paisible en banlieue de Montréal. J'étais entourée, en sécurité. Lorsque mes parents ont commencé à se chicaner, je me suis mise à être stressée et à faire des cauchemars. Inconsciemment, je suis devenue insécure. Quand il est parti, ma mère m'a tout de suite dit qu'ils m'aimaient tous les deux, qu'ils seraient encore et toujours là pour moi, mais que la vie allait être différente. Nous avons déménagé à Montréal dans un quatre et demi moche, j'ai changé d'école, ma mère s'est trouvé un emploi, j'étais gardée après l'école. Je la sentais stressée et malheureuse, je la voyais pleurer le soir après le travail. Elle me répétait que j'étais tout ce qu'elle avait maintenant. Je sentais qu'il fallait que je marche droit et que je ne cause pas trop de problèmes. Il n'y avait pas de marge de manœuvre. Nous étions sur un fil de fer émotif et économique. C'était difficile pour moi de me faire des amis à l'école, parce que le week-end je n'étais pas là pour les fêtes d'amis et les activités, j'étais avec mon père qui ne savait pas trop quoi faire avec moi. Même si le taux de divorces était à la hausse dans les années 1970, en 1978, j'étais différente de ceux qui avaient des parents unis. J'étais une enfant angoissée et stressée. Après une année à Montréal, nous avons déménagé à Québec pour être plus proches de mes grands-parents. Ma mère a eu de la difficulté à se trouver un emploi, la pension alimentaire que mon père nous versait n'était pas suffisante. Mes grands-parents nous aidaient du mieux qu'ils le pouvaient, mais ce n'était réellement pas facile. Les enfants à l'école riaient de moi parce que je n'avais pas les vêtements griffés à la mode. Les week-ends, je prenais l'autobus pour

Montréal afin d'y retrouver mon père, qui buvait toute la fin de semaine.

— Alors, c'est à partir de ce moment-là que tu as pris ta mère sur tes épaules et que tu as étouffé ta vraie nature. C'est clair comme de l'eau de roche. C'est un mécanisme de défense qui t'a permis de passer au travers des épreuves, mais il n'a plus sa place depuis longtemps dans ta vie et aujourd'hui il te fait du tort et t'empêche de vivre ta vérité, de déployer tes ailes et d'être la femme que tu es.

— Mais comment faire pour renverser la vapeur ?

— Tu vas commencer tranquillement à dire ce que tu penses véritablement dans toutes les situations, au travail, à la maison et surtout face à ta mère.

— Mais elle est malade !

— Vivre sa vérité, ça ne veut pas dire qu'on aime moins les autres ou qu'on est moins gentil. Tu vas trouver la façon de faire au fur et à mesure, mais sois généreuse avec toi-même et pardonne-toi les ratés. Il y en aura inévitablement, mais c'est le plus beau geste d'amour que tu puisses faire pour ta mère que d'être authentique avec elle. Reprendre ta place d'enfant et lui redonner son rôle de mère est le plus beau cadeau que tu puisses lui offrir. Ce ne sera pas toujours simple et encore moins facile, mais c'est la bonne chose à faire, pour toi comme pour elle.

Authenticité, vérité… Dieu que ça me fait peur. J'ai une boule dans la gorge rien que d'y penser.

2

— Il faut que tu changes mon pansement, Marie-
Claude! me crie ma mère.

Elle est à la maison depuis deux jours et je veux
m'arracher les cheveux. Tous les événements des
dernières semaines ont mis en veilleuse la relation
extrêmement torturée que j'ai avec elle. En fait, son
cancer a ajouté une autre couche de peinture sur
un pauvre meuble qui en a tellement qu'on ne sait
plus vraiment de quel bois il était fait à l'origine. Il
faudra décaper. Mais est-ce le temps de décaper? Je
me sens égoïste de penser à tout ça alors que je ne
sais pas combien de temps nous avons ensemble.
Mais en même temps, y a-t-il autre chose à faire
de plus important que de se dire les vraies choses?
Et si je les dis, est-ce que je vais me sentir coupable
après? Vérité, authenticité... Le problème, c'est de
savoir par où commencer. Je me sens comme sur
le bord du tremplin, incapable de sauter. Si je dis
ce que je pense vraiment, qu'est-ce qui va arriver?

En attendant, il y a un pansement à changer.
Ça me lève le cœur chaque fois, ce n'est pas pour
rien que j'ai choisi les communications. Je n'ai pas
une vocation d'infirmière. Je suis stressée d'être

responsable. Pourtant, j'ai toujours été responsable, toute ma vie. En fait, c'est ça le problème, je ne m'exprime pas et je prends tout sur mes épaules. Je suis donc souvent dans des situations dans lesquelles je ne me sens pas à l'aise, comme aujourd'hui, et je rage intérieurement. Vérité, authenticité… Je voudrais bien la voir, Denise, ici, dans la chambre, en train de gérer la gaze, le ruban, l'alcool! Je plonge.

— Je ne sais pas si je fais comme il faut, maman, je ne devrais pas faire ça. Le CLSC devrait venir nous aider.

— C'est férié en fin de semaine, on ne pouvait pas s'inscrire sur la liste du CLSC avant la semaine prochaine, pour sortir je leur ai dit que tu étais capable de le faire.

Est-ce que j'aurais pu être consultée là-dedans? Il y a quand même deux grands trous ouverts dans sa poitrine, je ne pense pas qu'une fille doive connaître sa mère à ce point-là. L'autre choix, c'était l'hôpital. Bon, ce n'est pas le bon exemple, ni le bon moment pour m'affirmer en tant que personne à part entière face à ma mère, mais je l'ai quand même sur le cœur.

L'atmosphère est lourde chez moi. Je rumine toutes sortes d'émotions et ma mère ne parle pas. Elle est en convalescence, c'est vrai. Elle sort à peine de l'hôpital, c'est vrai. Mais ce n'est pas un silence «de convalescence». J'aimerais qu'elle me dise comment elle se sent face à tout ce qui lui arrive. Qu'elle extériorise sa rage, sa tristesse, ses peurs, peu importe. J'aimerais qu'on parle de la mort de mon père, de comment moi je me sens.

De ce que la vie sera maintenant. Moi aussi, j'ai de la rage et de la colère, de la tristesse et sûrement plein d'émotions dont je n'ai même pas conscience tellement elles sont réprimées. Je pense sans cesse à mon père, mais on dirait que son départ est passé inaperçu. Je n'ai pas l'occasion d'en parler, de vider la question, de vivre le deuil. Ma mère n'en parle pas, mon chum non plus. Moi, j'aurais envie de faire le point là-dessus, mais le temps manque. Elle est où ma place, là-dedans?

— Veux-tu que j'aille te chercher des fruits, veux-tu que je te fasse de la soupe?

— Non.

J'étouffe autour de ma mère. C'est le début d'une phase pas mal plus intense de notre relation et j'entrevois que ça ne sera pas de tout repos. À l'hôpital, lorsque nous avons fait notre séance de thérapie avec Marie Pauline, je pensais qu'on avait sorti le méchant, qu'on s'était dit les vraies choses et que ce serait un nouveau départ. Je me disais même quelque part que la vie serait plus facile, que le drame allait forcer le grand ménage. C'est fou comment on peut se raconter des histoires!

Le plus difficile dans tout cela, c'est que même si je comprends que je dois changer ma façon de vivre, je n'ai plus de structure à laquelle me rattacher, alors je manque d'assurance. Moi qui pensais avoir vécu les grandes tourmentes à l'adolescence, je n'avais rien vu. J'ai beaucoup de tristesse et de désarroi en moi, mais si je suis honnête, j'ai autant de colère. Pourquoi encore moi? Ce n'était pas assez de grandir seule avec une mère dépressive et instable et un père absent et alcoolique?

Ce n'était pas suffisant de m'élever, de porter les états d'âme de ma mère sur mes épaules jusqu'à la dépression clinique à quinze ans ? J'en veux à l'univers entier, même si je ne sais pas vraiment où j'en suis dans ma réflexion sur le sens de la vie et dans mes croyances.

Ces dernières années, je croyais réellement avoir trouvé l'équilibre après plusieurs thérapies, des lectures de croissance personnelle et une grande recherche spirituelle, je me permettais même de donner des conseils aux autres ! J'avais placé les choses dans ma tête et j'étais persuadée d'avoir pardonné à mes parents et réussi ma vie. Pourtant, je me sens souvent abandonnée dans ma relation de couple, je me sens seule face à la vie. Dans ma carrière, je dois régulièrement me piler dessus pour travailler dans un monde hostile et masculin comme journaliste de sport. J'ai souvent l'impression de me faire violence pour avancer dans un milieu où la plupart des journalistes se sentent constamment menacés, où tout le monde veut prendre la place de l'autre. Ce n'est pas de tout repos d'entendre que je ne connais rien aux sports, que je suis populaire seulement parce que je travaille dans une émission de grande écoute, que dans le fond n'importe quel clown ferait l'affaire à ma place. C'est abrutissant après quinze ans de travail acharné. Personne n'écrit les textes de *Salut Bonjour* à ma place. Je fais le choix des sujets que je traite, de la manière dont j'en parle, des images qui soutiennent mes propos. À ce que je sache, mes chroniques sont justes et informatives, alors comment est-il possible que je ne sache pas de quoi je parle ? Pourquoi toujours les mêmes reproches sans fondement ? Je me sens vraiment incomprise dans mon travail, et par moments ça m'enrage. Oui, je me suis fait une carapace au fil des ans et il y a des commentaires qui ne m'atteignent plus, mais il y en a d'autres qui trouvent quand même le moyen de me blesser. Parfois, je me demande sérieusement pourquoi je continue dans un milieu qui m'inflige ce genre de traitement, surtout dans un contexte où je dois me lever en plein milieu de la nuit pour aller mettre ma tête sur le billot. Ce qui me réconforte, c'est que, chaque année, le public me récompense. De toute façon, je me dis toujours que le travail est difficile et le parcours professionnel, partout parsemé d'embûches. Moi, au moins, j'ai la chance de réaliser mes rêves en faisant un métier que j'aime, alors en théorie ma vie est une grande réussite.

Il y a pourtant une petite voix loin en arrière qui me dit que je n'ai pas croisé le fil d'arrivée, que la réussite n'est pas encore là. Je l'ai entendue plusieurs fois ces dernières années me dire que je n'avais pas encore fait face à quelque chose, mais je l'ai chaque fois noyée dans la raison. De toute façon, qu'est-ce qu'il peut bien rester à faire ? J'ai fait appel à des spécialistes, j'ai lu et j'ai même discuté avec mes parents. Qu'est-ce qu'il faut de plus ? J'en ai soupé des thérapies et des grands questionnements. Ça ne me rend pas plus heureuse, honnêtement, je suis plus confuse. Je n'arrive pas à mettre le doigt sur mon malaise. Je me demande même si c'est un malaise. C'est plus un sentiment de ne pas être totalement centrée, pas entièrement à ma place dans la vie, et ça me cause parfois des angoisses.

Le stress arrive surtout quand je suis autour de ma mère. Tant que je la garde à distance, tout va bien. Même si je la fréquente beaucoup, tant que je garde un espace émotif entre elle et moi, ça baigne dans l'huile.

C'était un peu la même chose pour mon père, et on dirait que depuis qu'il est parti toute l'attention est maintenant transférée sur ma mère, et c'est un peu intense à vivre. D'autant plus que je ne peux plus vraiment garder mes distances par rapport à elle. Le cancer vient chambouler toute ma construction intérieure. J'ai l'impression d'être un barrage qui prend l'eau de tous bords. Je réussis tant bien que mal à résister aux courants qui s'infiltrent dans les brèches, mais ça me prend tellement d'énergie que j'ai les batteries complètement à plat. Et surtout, je suis en beau maudit. Je ne peux pas avoir la paix un peu ?

La bonne nouvelle, c'est qu'après deux semaines chez moi ma mère est prête à retourner chez elle. Nous n'avons pas réussi à l'inscrire pour les soins à domicile au CLSC, mais elle n'en a plus besoin de toute façon. Les plaies se sont refermées comme les infirmières l'avaient prévu. Elle a repris du poids en mangeant autre chose que la nourriture d'hôpital, et elle a pu dormir des nuits complètes sans être dérangée. Elle a meilleure mine.

Il était temps qu'elle parte de la maison de toute façon. Je pensais que mon chum serait incommodé d'avoir la belle-mère dans les pattes pendant tout ce temps et je me sentais un peu coupable de la lui imposer, mais finalement c'est moi qui ai trouvé le temps long. Le seul reproche qu'il m'a fait pendant les deux semaines, c'est que je devenais insupportable autour de ma mère et non l'inverse. Même lui s'en rend compte!

Bref, la revoilà chez elle, assez en forme pour commencer les traitements de chimiothérapie dans deux semaines. Le cycle la mènera jusqu'au début de la nouvelle année. Elle a finalement choisi un protocole de recherche au Royal-Victoria. Son moral est bon, avec le début des traitements elle a moins ce sentiment d'impuissance face à la maladie. Il y a une lutte à mener et c'est ce qui lui permet d'avancer. Nos relations sont meilleures depuis qu'elle a quitté la maison et j'ai mis de côté ce que Denise m'a dit. Peut-être que j'ai un peu exagéré en racontant mon enfance et qu'elle a donc un peu exagéré en me demandant de dire ce que je pense. De toute façon, elle m'a proposé de l'appeler au besoin, alors je n'ai pas de comptes à rendre régulièrement.

3

Le retour au travail depuis la mort de mon père et l'annonce de la maladie de ma mère est difficile. Physiquement, j'ai de la difficulté à me lever à 2 heures du matin. Contrairement aux dernières années, quand le cadran sonne, j'ai envie de pleurer. Le plus gros problème pour moi, c'est le niveau de responsabilité qui vient avec le poste de chroniqueur de sport à *Salut Bonjour*. À la différence des autres collaborateurs, je n'ai pas d'équipe autour de moi. Pas de recherchiste, pas de chef de pupitre, personne. Il faut donc que, en dépit de tout ce qui se passe dans ma vie, j'arrive à me tenir au courant de l'actualité. C'est un énorme poids sur mes épaules. Pendant les cinq premières années, mon travail était le centre de mon univers. J'avais le temps de dormir le jour, de me coucher tard pour regarder le hockey, de travailler en fin de journée pour écrire des textes, d'écouter les amateurs de sport à CKAC, et quand j'arrivais à TVA j'avais toute ma concentration. Ce n'est plus le cas. Je suis occupée le jour, je m'endors le soir et je n'ai pas la tête aux lignes ouvertes de sport. Mes matins sont donc encore plus frénétiques que d'habitude. Au moins ça ne paraît pas en ondes, mais j'ai souvent l'impression de ne plus avoir aucune marge de manœuvre pour quoi que ce soit. Dès qu'un pépin survient au travail, je suis incapable de rester calme.

J'ai les émotions à fleur de peau, et physiquement aussi je suis maganée. Je n'ai plus le temps de faire du yoga, de méditer, de faire de l'exercice. J'ai des tensions dans le dos et dans le cou, je respire mal, et je me sens moche. Je commence parfois à avoir des maux de tête. Et surtout, je me sens bien seule dans tout ça. Si seulement j'avais un frère ou une sœur pour partager les responsabilités…

Vivement les vacances de Noël dans… sept semaines. J'étais sur le point de faire une sieste quand le téléphone sonne.

— Marie-Claude, j'ai un problème avec ma porte de garage.

— Qu'est-ce qu'il y a, maman ?

— Je trouve ça trop difficile de sortir de ma voiture pour l'ouvrir en plein hiver et je trouve qu'elle est trop lourde. Je ne me vois pas faire ça quand je vais faire de la chimio et je vais quand même vouloir sortir, même si je suis faible. De toute façon, c'est ce que le médecin me dit de faire. De continuer à rester active. Je ne peux pas rester active sans voiture.

— C'est vrai, maman. Fais installer un système d'ouverture automatique à distance. Je vais payer la facture. Tu n'as qu'à faire les arrangements, je m'occupe des frais. Avec un peu de chance, ce sera fait avant que les traitements commencent, sinon je m'occuperai de venir te chercher et de te reconduire quand tu voudras sortir.

— Je ne veux pas compter sur toi pour sortir, de toute façon tu es toujours occupée.

— Alors, la solution c'est de raccrocher et d'appeler un installateur de système automatisé pour les portes de garage. Tiens-moi au courant.

Pas de merci, pas de reconnaissance, rien. Aaargh…

Une heure plus tard : dring, dring.

— Je suis allée chez Home Dépôt. Ils vendent des systèmes qu'on peut installer soi-même et ça coûte moins cher.

— Moins cher que quoi ?

— Ben, je n'ai pas trouvé de compagnie qui fait ce genre d'installation alors je suis allée chez Home Dépôt. Je suis certaine qu'on peut installer ça tout seul.

— Je ne suis pas très à l'aise d'installer un système comme ça, maman. Il serait préférable d'appeler une compagnie spécialisée qui offre une garantie. De toute façon c'est moi qui paie, alors, c'est quoi le problème ?

— OK. On fait comme tu veux. Bonne journée.

Clic.

On fait comme je veux ? ON FAIT COMME JE VEUX ! Là, je ne suis plus fatiguée tout d'un coup. Plus du tout. Non mais, quand même ! Je suis une banque à pitons, moi ? On me tient pour acquise partout ! Je vais faire un travail de fou à *Salut Bonjour* en pleine nuit sans aide, moi ! C'est sûr, Marie-Claude est capable, elle ne se plaint jamais. Même si je me plaignais, il est trop tard : ça fait cinq ans que je le fais comme ça, mon travail.

Et ma mère, elle sait que je vais tout faire, alors pourquoi agirait-elle autrement?

Les paroles de Denise et de Marie Pauline viennent me hanter. Il est temps d'être honnête et vraie, je n'ai plus le choix, et là, j'ai la motivation. Attachez votre tuque avec de la broche.

4

Le lendemain, je suis beaucoup plus calme et posée. La nuit porte conseil, et je me dis que je vais me calmer et prendre les choses avec plus de recul. Mais la vie en décide souvent autrement.

— Marie-Claude, il faut que tu fasses deux jours de formation pour un nouveau système d'infographie que nous avons acheté à TVA et qui sera mis en place avant les fêtes. Il vous permettra d'écrire vous-mêmes les bandeaux qui défilent au bas de l'écran, de les formater et de les envoyer directement dans le système de mise en ondes. Dans ton cas, ce sera plus compliqué parce que tu dois apprendre à la fois le système de LCN et celui de TVA, puisque tu fais les deux le matin. Tu pourras aussi formater toi-même les tableaux que tu mets en ondes, écrire les traductions des extraits sonores en anglais et les titres des invités.

Il est 9 heures et je suis au bord des larmes dans le bureau de Kim Larouche, la productrice au contenu de l'émission.

— Il faut deux jours de formation pour le système. Tu es la seule personne en ondes à y assister puisque les autres n'auront pas à faire ça. Il faut que tu donnes tes disponibilités à Michèle à la production pour qu'on avise le formateur.

Je me lève et je sors. Je ne peux pas me décomposer devant tout le monde. Il faut que je reste calme. J'ai une boule de feu dans la gorge et des larmes dans les yeux. Mon cœur bat à toute vitesse. Je vais me cacher dans les toilettes pour me calmer. Je sais que je ne peux pas me mettre à crier, ce serait contre-productif. Il faut que je réfléchisse à ce que je vais faire, mais je dois faire quelque chose. Le mieux est de rentrer à la maison et de réfléchir.

Dès que je passe la porte d'entrée de la maison, le téléphone sonne.

— Est-ce que je peux venir te voir?

— Bien sûr, maman!

Bon. Je suis en santé, je n'ai pas le cancer, je ne vis pas de véritables drames. Normalement, j'aurais appelé mon père pour ventiler, et il m'aurait donné un conseil d'ancien patron de télé sur la façon d'aborder la situation de manière correcte. Là, je devrai faire ça toute seule.

Ma mère débarque à peine cinq minutes après son appel. Elle devait attendre que j'arrive à la maison. Elle a un gros sac de Home Dépôt dans les mains.

— J'ai acheté le système chez Home Dépôt, je l'ai mis sur ma carte de crédit, tu pourras me rembourser. Ce sera moins cher et moins long, pas possible d'avoir un installateur chez moi avant que je commence mes traitements. Je suis certaine qu'on peut installer ça aujourd'hui.

J'ai le visage en feu. La boule revient dans ma gorge, mais cette fois je ne suis pas en mesure de garder tout en moi.

— Je t'ai dit que je ne me sens pas à l'aise d'installer ce genre de truc. Je t'ai demandé d'appeler des professionnels et je t'ai dit que j'allais payer. Je n'ai pas dit que j'avais un budget restreint. Je n'ai pas parlé d'argent. Je ne veux pas aller chez toi installer ce truc. Il y a de l'électricité à raccorder là-dedans et tu habites une maison de ville, style condo. Si quelque chose arrive, s'il y a un problème, tu seras tenue responsable. Il faudra donc faire venir un électricien qui a ses cartes de compétence. D'ailleurs, as-tu informé le syndicat de copropriété de tes démarches pour installer un ouvre-porte ? Tu dois le faire. Tu es une adulte et même si tu as le cancer, tu es relativement en forme. Assez pour aller acheter des cossins à la quincaillerie. Tu as un ordi à la maison, trouve-toi un installateur et prends rendez-vous. Occupe-toi de tes affaires et arrête de tout remettre dans ma cour. Ma cour est pleine.

Ma mère, qui n'avait pas enlevé son manteau, prend son sac, tourne les talons, remet ses bottes et claque la porte.

Immédiatement, je me sens coupable. Je veux prendre le téléphone et l'appeler pour m'excuser. J'ai le cœur qui bat la chamade et j'ai la nausée. Mais qu'est-ce que je viens de faire ? Elle a le cancer, elle va peut-être mourir bientôt, et moi je la traite comme une ingrate ?

Je compose finalement le numéro de Marie Pauline.

— Bravo, ma belle ! Tu as bien fait. Il faut que tu t'exprimes, ta mère va comprendre. C'est ça la voie de la guérison, et pour elle et pour toi. Elle a des prises de conscience à faire sur sa façon de vivre, elle doit prendre ses responsabilités. Ce n'est pas toi la mère dans cette relation, c'est elle. Et, en prenant ta place, tu lui redonnes la sienne. C'est un cadeau que tu lui fais.

— Tu devrais peut-être lui dire, parce que je ne suis pas certaine que ce soit son point de vue en ce moment.

— Elle doit venir me voir la semaine prochaine. J'ai accepté de la prendre en consultation pour l'aider. J'aime beaucoup ta mère, Marie-Claude, et je suis certaine que je peux l'aider.

— Tu m'enverras tes factures.

— Non, Marie-Claude. J'ai accepté de le faire gratuitement et ça me fait plaisir. Ce n'est pas à toi de payer pour ça.

Première bonne nouvelle de la journée. Pour le reste, j'ai les boyaux complètement tordus. Ma mère ne me rappelle pas de la journée, j'ai donc tout le loisir de ruminer cette histoire de formation à TVA. Mon conjoint me dit qu'il faut que je verbalise ma réalité calmement à la production en leur expliquant que trop, c'est trop. Il me dit que mes revendications sont raisonnables, en fait j'aurais dû les faire quand j'ai été embauchée il y a cinq ans.

En me couchant ce soir-là, je me dis que c'est pas mal plus de travail d'être authentique et honnête. C'est pas mal plus stressant que de me la fermer comme d'habitude.

5

— Alors, voilà. Je ne peux pas continuer à ce rythme-là. Les tâches ne cessent d'augmenter pour la chronique de sport. Me voilà maintenant à faire une partie du travail d'infographie, d'acquisition et de mise en ondes. Je ne peux pas me lever plus tôt, ce n'est plus raisonnable. J'ai besoin d'aide, point final. Il y a un recherchiste pour la chronique web, même chose au culturel, il y a trois personnes aux nouvelles, et moi je suis seule aux sports. Pourtant, je suis la seule à couvrir à la fois TVA et LCN le matin. Je ne peux plus continuer comme ça.

— On ne peut pas engager de recherchiste pour le sport, ce n'est pas dans nos budgets, ni dans nos façons de faire. Par contre, Marie-Ève qui travaille avec Gino peut faire les deux. Elle te donnera un coup de main, elle est d'accord. Tu n'as qu'à lui dire de quoi tu as besoin.

Je respire pour la première fois en deux jours. Il faudra que j'apprenne l'infographie quand même, mais au moins j'ai quelqu'un sur qui je peux me fier si tout dérape. Je me sens un peu plus forte déjà. Bravo, Marie-Claude, me dis-je en moi-même.

Évidemment, je n'en suis pas là avec ma mère. Elle ne m'a pas donné de nouvelles depuis trois jours. Elle commence sa chimio la semaine prochaine, donc peu importe cette histoire de porte de garage, nous avons des choses à coordonner pour son transport. Il est convenu que mon conjoint ira la chercher vers 7 heures les jours de chimio pour aller la conduire au Royal-Victoria en se rendant au travail à Radio-Canada, et que j'irai la chercher vers midi quand elle aura terminé. Il n'est pas recommandé de conduire après un traitement et le taxi coûterait trop cher, selon ma mère. De toute façon, humainement, il est préférable qu'elle se sente soutenue et entourée.

Est-ce que je dois l'appeler ? Il me semble qu'elle devrait réaliser que sa façon de faire n'a pas de bon sens et appeler elle-même. Si je n'ai pas de nouvelles demain, j'appelle.

C'est donc moi qui fais le premier pas.

— Allô maman, c'est moi.

Silence radio à l'autre bout.

— Alors, je t'appelle pour voir comment ça va.

— Comment tu penses que ça va ? me dit-elle, des sanglots dans la gorge. Je suis ici toute seule, je ne sais pas comment faire pour la porte de garage. Je suis stressée de commencer la chimio et, toi, tu me fais des crises. Penses-tu que si je savais comment faire pour régler mon problème de porte je t'en parlerais ? Penses-tu que si j'avais de l'argent je serais obligée de me fier à ma fille ?

— As-tu retourné le truc que tu as acheté chez Home Dépôt ?

— Non, j'étais trop à l'envers.

— Je vais passer tantôt le chercher avec la facture, je vais prendre les mesures de la porte, on va boire un thé ensemble et je vais m'occuper de tout.

Il faut que je prenne rendez-vous avec Denise. Ce truc de vérité est pas mal plus compliqué que je pensais. Je me sens mieux de tout faire, de toute façon c'est moins compliqué que le contraire. J'aurais pu faire ça il y a trois jours et m'éviter un tas de stress inutile.

Dans des moments comme celui-là, je m'ennuie de mon père. Il était peut-être trop renfermé, mais il arrivait à s'occuper de ses affaires même avec son emphysème, et je suis certaine qu'il y a des jours où il aurait eu envie de demander de l'aide. En fait, il aurait dû en demander, et ma mère devrait être un peu plus autonome. Il m'aurait fallu un parent à mi-chemin entre les deux dont j'ai hérité. N'empêche que j'ai un pincement au cœur en me rendant compte de tout ce que je ne voyais pas de mon père de son vivant. Ce sera probablement la même chose quand ma mère sera partie. Je me dis en souriant que les relations sont plus faciles avec les morts! Un peu morbide, certes, mais pas très loin de la vérité. Il me faut travailler sur mes relations vivantes. Pourtant, je réussis un peu mieux avec mon couple, du moins, je pense. Mais dans le fond, est-ce que je m'exprime vraiment là-dedans? Pas sûr, à bien y penser.

— Tu n'es pas très loin d'un grand changement, ma chère. Je suis impressionnée du chemin que tu as parcouru et j'espère que tu l'es aussi. Tu ne niaises pas avec le *puck*, comme on dit.

Je suis assise dans le salon chez ma thérapeute Denise. Elle me dit qu'elle est impressionnée que j'aie renvoyé ma mère à la maison avec son sac de quincaillerie et que j'aie demandé de l'aide au travail.

— Oui, mais je ne suis pas allée jusqu'au bout avec ma mère. Au final, c'est moi qui ai coordonné l'installation de son ouvre-porte et je me suis même excusée de l'avoir blessée. Moi, je n'ai rien reçu en retour.

— Tu ne vas pas changer des modèles de relation enracinés depuis trente ans en criant ciseau. L'important, c'est que peu à peu tu jettes les bases d'une nouvelle façon de faire. Ta mère n'est pas dupe, elle a compris le message, même si elle ne veut pas valider ce qui s'est passé. Elle le sait, même inconsciemment et même si ça ne fait pas son affaire. Toi, tu as commencé à t'exprimer. Et pour le travail, bravo. C'est toujours plus difficile quand c'est une relation aussi profondément ancrée que celle avec nos parents, surtout la relation mère-fille.

— Et le sentiment de culpabilité ? Et la panique qui m'envahit chaque fois que je remue un peu d'air ? Je dois t'avouer que ça me prend énormément de jus, plus que de faire semblant que tout va bien.

— Ça va s'estomper avec le temps. Tu vas trouver ta façon de faire, tu vas t'habituer à parler et tranquillement tout va se calmer. Il faut juste que tu persévères. Ne t'en fais pas si tu retombes parfois dans tes mauvaises habitudes, sois indulgente avec toi-même. Respecte-toi à tout point de vue et surtout ne vois pas une rechute comme un échec. Sois douce avec toi-même.

— Donc je serai douce avec moi-même et plus dure avec les autres ? Ça fait un peu égoïste tout ça, il me semble.

— Laisse aller tes vieilles façons de penser. Ce n'est pas égoïste de penser à soi avant les autres, au contraire. C'est la seule manière de rendre le monde meilleur. Si tu es bien dans ta peau, si tu es capable d'avoir de vraies relations, alors tu apportes un peu plus de soleil et de paix autour de toi. C'est de l'énergie positive, de la vraie énergie positive, et c'est ce qui compte le plus. Commence par faire le ménage chez toi avant de vouloir sauver le monde. Charité bien ordonnée commence par soi-même.

— Même quand on est aidant naturel d'une personne atteinte du cancer ?

— Surtout dans ces moments-là, parce que tu dois absolument être en équilibre, TOI, pour pouvoir soutenir quelqu'un d'autre. C'est d'autant plus important. Dans les consignes de sécurité des avions, on dit toujours qu'il faut d'abord mettre son propre masque d'oxygène avant de fixer celui des enfants. Occupe-toi d'abord de toi, point final. Tu vas trouver ton chemin.

C'est vraiment tout l'inverse de ce à quoi je pensais. Je me disais que, pendant les prochains mois, je me mettrais un peu de côté pour me consacrer à ma mère. Pourquoi ? Si je suis honnête, c'est pour éviter d'avoir des regrets ou un sentiment de culpabilité. De toute façon, c'est ce qu'une bonne fille fait pour sa mère. C'est donc par peur et par obligation que je me fais violence. Ce n'est pas très positif comme énergie, c'est certain, et je doute que ce soit sain comme façon de faire à long terme. Il y a donc, selon Denise, une autre façon de faire les choses qui est probablement plus altruiste et vraie.

Il faut maintenant que je trouve la façon de faire dans la réalité, quand ma mère est en face de moi, quand les problèmes surviennent et que je ne suis pas assise dans le confort du fauteuil de thérapie.

6

— Est-ce que tu vas perdre tes cheveux?
— Pas nécessairement. C'est un effet
secondaire possible, mais ce n'est pas le même
genre de traitement que pour les femmes atteintes
du cancer du sein, alors ce n'est pas automatique.
Chaque personne réagit différemment. Moi, je préfère ne pas trop m'informer sur les effets. Si je sais
que c'est possible, alors ça entre dans mon sub-
conscient et les chances sont plus élevées que ça
arrive vraiment.

Ma mère a déjà fait un premier traitement de
chimiothérapie. Il faudra attendre encore deux jours
pour voir comment elle réagira physiquement, mais
pour le reste, elle va mieux. Enfin, selon moi. Elle a
commencé à travailler avec Marie Pauline et elle me
dit que ça lui fait du bien d'être active sur les deux
fronts, physique et psychologique. Elle me dit que
Marie Pauline passe deux heures avec elle chaque
semaine. Pour le moment, il est question de son
ex-conjoint, qui l'a larguée dès les premiers signes
de maladie. Il ne donne toujours pas de nouvelles.

La porte de garage est maintenant automatique, ma mère a un contrôle à distance et elle est

finalement très reconnaissante. J'ai apprivoisé le système d'infographie au travail et Marie-Ève est une aide précieuse pour moi le matin. Il n'y a pas de gros nuages à l'horizon, sauf peut-être le premier temps des fêtes sans mon père. J'ai encore beaucoup d'émotions refoulées concernant son décès, et la vague de tristesse remonte de temps à autre. Denise m'a dit de m'occuper de moi, alors je me fixe toutes sortes de rendez-vous. Moi aussi, j'attaque sur tous les fronts.

Je commence par l'hypnothérapie traditionnelle avec un spécialiste que je consulte de temps en temps depuis quelques années. Jean-Claude a un tout petit bureau sans prétention dans un ancien hôpital non loin de chez moi. Il pratique l'hypnose depuis plus de trente ans. Je l'ai souvent consulté pour différents problèmes, de l'anxiété au manque d'énergie en passant par mes relations familiales. Chaque séance est une aventure incroyable dans l'inconscient et j'en ressors toujours plus en paix et libérée.

Aujourd'hui, je lui raconte un peu le cheminement des dernières semaines et ma peur d'être submergée par les émotions pendant les fêtes. Il me répète, comme il le fait chaque fois, de relaxer, de respirer et de prendre les choses comme elles viennent sans anticiper le résultat.

— Tu sens tes pieds ramollir, ton corps en entier devient plus lourd alors que tu respires de plus en plus profondément. Profondément vers une relaxation profonde. Tu respires loin dans tes poumons et lors de chaque expiration, tu te sens descendre encore plus profond dans un état de bien-être total.

Tes jambes deviennent lourdes, puis ta poitrine. Tes épaules se relâchent, ta mâchoire et tous les muscles de ton visage et tu respires, tranquillement, profondément.

Il y a tellement longtemps que je consulte Jean-Claude que le simple son de sa voix me plonge dans un état de relâchement total en quelques secondes à peine. Je suis allongée sur son divan, les yeux fermés, la tête sur un oreiller. Je sais qu'il est assis sur une chaise à côté de moi. Je suis consciente de tout ce qui se passe, mais je ne peux pas bouger, en fait, je n'en ai aucune envie. Je laisse Jean-Claude me guider.

— Maintenant que tu es dans un état de relaxation complète, je vais te demander de prendre le chemin que tu connais. Tu vas descendre les marches de l'escalier une à une, tranquillement, en te sentant pénétrer dans une paix encore plus profonde à chaque pas que tu fais. Prends ton temps. Une fois rendue en bas complètement, là où il fait noir, tu vas prendre le corridor et tu vas t'arrêter devant une porte. Maintenant, décris-moi la porte.

— Je suis devant une grande porte en bois avec une poignée au milieu.

— Et tu reconnais cette porte.

— Oui, c'est la porte de la maison que j'habitais avec mes parents avant leur divorce. (*Je me mets à pleurer.*)

— C'est correct, Marie-Claude. Il va maintenant falloir ouvrir cette porte.

— Je ne veux pas y aller, je ne veux pas ouvrir la porte. (*Je suis en larmes.*)

Jean-Claude me donne des mouchoirs. Je les prends dans ma main, mais je ne m'essuie pas le visage avec, je les serre en boule dans ma main.

— Tu n'as plus le choix, Marie-Claude. Il faut ouvrir la porte et pénétrer à l'intérieur. Tu es prête à le faire, tu me l'as dit tantôt. Je suis avec toi, tu es en sécurité. Laisse-toi ouvrir la porte.

Il est toujours difficile de décrire la sensation d'être hypnotisée. C'est comme faire un rêve éveillé, comme si le corps cédait sa place, la raison aussi, et que les émotions profondément refoulées prenaient le dessus. Ce qu'on vit dans notre imaginaire ou notre inconscient est aussi vrai et clair que si ça se passait en temps réel. Au moment où je suis devant la porte, je me sens comme dans mon corps de petite fille de cinq ans. Je vois la porte comme je ne l'ai pas vue depuis trente-deux ans. Pourtant, avant d'être en hypnose je n'aurais probablement pas été capable de décrire la porte. C'est comme si j'avais accès à un disque dur d'information qui n'était plus accessible quand je suis éveillée.

Après de longues minutes, j'ouvre finalement la porte et entre dans la maison de mon enfance.

— Raconte-moi ce que tu vois.

— Mon père est assis dans le salon, le visage dans ses mains. Il a l'air découragé, épuisé. Ma mère a le dos tourné au comptoir dans la cuisine, les bras croisés, elle est fâchée. C'est comme s'ils ne me voyaient pas, comme si j'étais invisible.

— C'est ça, personne ne te voit, mais toi tu les vois, et là je vais te demander de retourner dans le salon, d'entrer dans le corps de ton père et de me décrire ce que tu ressens.

— J'ai le cœur qui bat fort et j'ai juste le goût de partir. Je ne me sens pas bien ici, pas à ma place. J'ai trop de responsabilités, j'étouffe. Je ne suis pas capable de m'exprimer, je ne sais pas comment faire. J'ai l'impression d'avoir tout gâché, de ne pas être à la hauteur et je ne veux plus jamais avoir ce sentiment… d'échec. Je sais qu'il y a un enfant, mais je ne sais pas quoi faire avec elle, comment lui parler. Je suis pris dans mes émotions et mon incapacité à communiquer. Je veux partir en courant.

— Prends le temps de ressentir toutes ces émotions comme il faut. Respire dans le corps de ton père. Maintenant, fais la même chose avec ta mère et dis-moi comment tu te sens.

— Je suis enragée. Je tremble de colère et j'ai peur. Je me sens seule et abandonnée. Plus que tout, je me sens incapable de parler. Je suis emprisonnée dans mon corps. Je me sens paralysée et incapable d'entrer en contact avec l'homme qui est dans l'autre pièce. Je sais que je devrais faire quelque chose, dire quelque chose, mais je ne sais pas comment faire. On ne m'a jamais montré comment faire, je n'ai pas les outils pour faire face à ce qui se passe. Je me sens impuissante face à ma propre vie. Je vois les choses se désagréger autour de moi. Je ne me sens pas compétente, pas à la hauteur de la situation. Je me sens comme un vieux sac-poubelle qu'on jette sur le bord du chemin.

— Maintenant, sors du corps de ta mère mais reste dans la maison. Est-ce que tu vois une petite fille?

— Oui, je la vois.

— Décris-la-moi.

— Elle est dans un coin et regarde ses parents. Elle comprend ce qui se passe et se dit qu'il faut qu'elle soit forte pour eux parce qu'ils sont mal pris. Elle se dit qu'il faut qu'elle soit sage et bonne pour leur apporter du soulagement. Elle doit devenir comme un soleil pour les réchauffer. Elle sait qu'elle est assez forte pour y arriver, mais elle est aussi très triste de voir toute cette souffrance.

— Va maintenant dans son corps et va ressentir ses émotions.

— Elle se sent seule, fatiguée, invisible.

— Elle se sent invisible.

— Oui mais elle est contente d'être invisible, ça lui évite de causer plus de problèmes.

— Maintenant, je veux que tu entres dans la maison telle que tu es aujourd'hui et que tu prennes la petite fille dans tes bras. Je veux que tu lui dises que tu l'aimes et que tout s'est arrangé, que tout est correct aujourd'hui. Va ensuite voir ton père et ta mère et dis-leur que tout est terminé, que tout est pardonné. Maintenant, prends-les par la main et fais-les sortir de la maison. Vous sortez tous ensemble dans une grande boule de lumière, vous êtes libres.

Lorsque Jean-Claude me guide dans l'hypnose, c'est comme si j'étais dans un film et que je ressentais chaque émotion au centuple. Quand la porte s'ouvre et que nous sortons, j'ai l'impression qu'un immense poids s'enlève de mes épaules. Ma poitrine est moins oppressée et c'est comme si je respirais profondément pour la première fois. Je me sens tout à coup euphorique et soulagée. Comme si toute la colère et le ressentiment que je gardais en moi n'avaient plus aucune importance. En fait, ils se sont évaporés. Comme si tout était absolument correct et parfait.

Je me réveille donc dans un état de joie intense. Cette fois, ce sont des larmes de joie qui coulent le long de mes joues. J'ai compris ce que nous avons tous ressenti à ce moment si crucial de mon existence à un niveau tellement profond que j'ai l'impression que l'événement en soi n'a plus tant d'importance. La seule chose qui me reste, c'est de la compassion et du pardon. Je me dis que ce n'était pas facile pour ma mère. Elle n'avait pas la maturité pour pouvoir gérer sa séparation et elle se sentait comme une moins que rien. Elle n'a vraiment jamais eu confiance en elle, elle voit son divorce comme un échec personnel, une preuve de son incapacité à gérer sa vie. Elle se sentait comme une moins que rien aux côtés de sa mère et elle a répété l'histoire dans sa vie adulte. Aujourd'hui, elle se sent comme une moins que rien aux côtés de sa fille.

Je réalise en même temps que mon père ne savait pas comment se gérer lui-même, encore moins une famille. Mais surtout, je me rends compte qu'on s'est tous fait du mal pour quelque chose qui n'a pas besoin d'être si dramatique en bout de ligne. Pourquoi toujours retourner en arrière et se plaindre des problèmes qu'on a eus dans l'enfance ? Parfois, je suis vraiment tannée de tout ce « cheminement ». Je suis en santé, je réussis bien ma vie, pourquoi sans cesse brasser des souvenirs et des émotions ? Il est temps de passer à un autre appel, vraiment. C'est la misère des gens privilégiés de toujours gratter les bobos. Et quels bobos ? Je n'ai pas été victime d'inceste, j'ai toujours mangé à ma faim, personne ne m'a battue. Je devrais me concentrer sur le positif au lieu de ressasser de vieilles affaires.

C'était ma dernière séance de ce genre.

7

Le temps des fêtes vient toujours inévitablement compliquer les choses.

Les effets positifs de ma session d'hypnose et ma nouvelle résolution de regarder en avant m'ont permis de me rendre jusqu'aux vacances sans trop de stress. Ma mère a terminé son troisième cycle de chimio avec succès. Les effets secondaires sont finalement moins difficiles à vivre que ce que j'anticipais. Elle a des nausées pendant quelques jours après, beaucoup de fatigue, mais grâce aux bons soins d'une naturothérapeute, elle est capable de gérer le tout sans trop de douleur. Elle reste complètement autonome et elle en est fière. Pas question de lui faire des petits plats, elle veut prendre les choses en main. Elle ne veut pas non plus que je l'accompagne pendant ses traitements, elle préfère vivre sa chimio dans la tranquillité. Je suis vraiment aux anges de voir le changement qui s'opère en elle. Elle s'est trouvé un groupe de soutien qui se réunit tous les mercredis, et je crois même qu'elle s'y est fait des amis. Les séances de thérapie avec Marie Pauline portent leurs fruits.

Évidemment, il y a toujours cette menace de mort qui plane au-dessus de nos têtes mais, somme toute, c'est avec joie que nous nous préparons aux fêtes. J'ai décidé de prendre une semaine de congé avant le début officiel des vacances à *Salut Bonjour*. Nous travaillons jusqu'au 24 décembre, et le réveillon est souvent pénible pour tous ceux qui collaborent à l'émission. Vingt-quatre heures debout la veille de Noël, même avec une sieste dans l'après-midi, c'est difficile à supporter, et il faut habituellement le reste des vacances pour nous en remettre. Cette année, je veux être en forme et profiter de chaque instant. J'ai toujours derrière la tête l'idée que ce sera peut-être le dernier Noël en famille pour moi.

Pour l'occasion, j'ai décidé de recevoir la famille de mon chum à la maison pour un grand festin traditionnel. Pâtés à la viande, dinde, bûche et tout le tralala. C'est un gros cadeau pour ma mère, qui adore faire la cuisine et qui s'est arrangée pour être dans une des « bonnes semaines » de son cycle de chimio pour le réveillon. Elle est donc en mesure de venir m'aider à tout préparer. C'est aussi l'occasion de nous retrouver.

— Est-ce que tu dors mieux ?

— Ça dépend des nuits. Souvent, je me réveille vers 1 heure et je ne suis plus capable de me rendormir. J'ai trop d'idées dans la tête, je pense trop et ça m'empêche de dormir.

— Tu as des angoisses ?

— C'est sûr. Il y a une dame dans mon groupe de soutien qui ne va plus très bien. Ça me fait penser à ce qui pourrait m'arriver.

— Tu penses à la mort ?

— Oui.

— Ça te fait peur ?

— Oui, ça me fait peur.

— Est-ce que c'est la douleur qui te fait peur ou la mort ?

— Les deux, je pense, je ne sais pas.

— Parce que, dans le fond, quand tu es morte il n'y a plus de souffrance et, d'après ce que je comprends, aujourd'hui avec les techniques de soins ils sont capables de contrôler la douleur assez bien.

— C'est vrai. J'ai juste peur de manquer de temps.

— Qu'est-ce que tu as peur de ne pas pouvoir faire ?

— Je ne sais pas. Je ne peux pas mettre le doigt dessus. Je n'ai pas l'impression d'avoir fait ce que j'avais à faire.

— Des voyages ?

— C'est sûr, mais d'autres choses aussi.

À la fin de l'après-midi, je décide de préparer un voyage à trois pour le Nouvel An. Je réserve une super suite à deux étages au Whiteface Lodge à Lake Placid, aux États-Unis. Je me dis que je peux aider ma mère à faire un voyage et à se dépayser un peu. Ce sera un beau cadeau pour elle.

— Est-ce que ça te dérangerait de passer le jour de l'An à Lake Placid avec ma mère ?

— Non, si c'est ce que tu veux. Mais je veux juste te rappeler que ta mère, il faut la prendre par petites doses. Je comprends que tu oublies tout parce qu'elle est malade, mais ce ne sera pas de tout repos comme expérience. Je sais que tu es fatiguée en ce moment, je ne suis pas certain que ce soit de ça que tu aies besoin.

Mon conjoint a toujours le don de me dire ce que je ne veux pas entendre et, chaque fois, ça me fâche.

— Mais non, ça va être super. Les choses vont beaucoup mieux avec ma mère, j'ai fait du chemin en thérapie et elle aussi, je pense que ça nous fera de bons souvenirs.

— OK, alors c'est parfait. Je peux me libérer à 16 heures le 30 décembre, on partira tous ensemble.

— Je réserve maintenant, je vais prendre une grande suite à deux étages, comme ça on aura quand même notre espace privé.

J'appelle aussitôt ma mère pour lui apprendre la bonne nouvelle : on s'en va en voyage !

— Ah oui... c'est loin ?

— Environ une heure et quart de route, maman.

— Je n'ai pas de vêtements d'hiver chauds.

— Je vais t'en prêter. J'ai pas mal tout en double. On a la même taille. Tu verras, ce sera génial !

— Est-ce que vous allez faire du ski ?

— Peut-être, s'il fait beau.

— Moi, je ne pourrai pas, qu'est-ce que je vais faire ?

— On va dans un super grand lodge luxueux avec des grands foyers au bois, des espaces communs. Il y a un spa. Si tu veux, je peux te réserver des soins.

— Je ne peux pas me faire masser par n'importe qui à cause de la chimiothérapie.

— Alors une pédicure ?

— C'est un peu plate toute seule.

— On ira ensemble !

— On part quand ?

— Le 30 en après-midi.

— Dans ce cas, je repartirai de chez toi après le réveillon avec une valise. Il faudra que tu m'en prêtes une parce que je n'en ai pas. Et des vêtements chauds.

Ouais… ce n'était pas exactement la réaction que je souhaitais. Ça doit être la surprise et l'insécurité à cause de son état de santé. J'aurais peut-être dû la consulter avant. Pourtant, elle m'avait dit qu'elle voulait voyager. Je veux bien faire. J'ai l'étrange sensation que mon plan ne se déroulera pas comme prévu, mais je choisis de rester optimiste malgré tout.

Le 24 décembre, nous recevons la famille de mon chum à la maison. Ils sont toujours contents de se retrouver, parlent fort et rient beaucoup. Il y a de la bonne humeur dans l'air, le souper bien arrosé est réussi et apprécié de tous. Ma mère reste cependant dans son coin, comme d'habitude. Elle n'est pas très à l'aise dans les situations sociales, a de la difficulté à faire la conversation. Comme d'habitude, je compense pour elle, j'essaie de l'inclure dans les débats. Je ris et je parle pour deux. J'ai une boule dans la gorge toute la soirée et un poids sur la poitrine. Je n'arrive pas à me détendre et à me laisser aller, je suis constamment en train de me demander si elle est à l'aise, si elle aime sa soirée, et je la vois inévitablement assise les bras croisés, le regard dans la lune et, dès qu'elle peut, elle se met à ramasser les plats pour sortir de table.

Tout le monde part à 2 heures, nous sommes fatigués, ma mère plus que les autres.

— Bon, je n'aurai pas le temps de voir les vêtements et la valise, je suis trop fatiguée, ces gens-là sont vraiment restés longtemps.

— Veux-tu coucher ici ? De toute façon, on se voit demain pour se donner les cadeaux, ce serait peut-être plus simple.

— Non, je vais rentrer à la maison. Joyeux Noël, à demain.

Mon chum est dans le sous-sol quand elle ramasse ses affaires et démarre sa voiture.

— Ta mère est partie ?

— Oui.

— Elle ne m'a même pas dit bonsoir.

— Elle était fatiguée.

— De quoi ? Elle n'a pas dit un mot de la soirée. Même pendant l'échange de cadeaux. C'est vraiment pas évident de l'inclure dans les réunions de famille.

— Arrête de chialer après ma mère. Elle fait son possible, elle est comme elle est, et il faut l'accepter. On ne peut pas la changer, il faut l'aimer telle quelle.

Je tourne les talons et monte l'escalier en rageant. Je l'entends me dire qu'il a vraiment hâte d'être au jour de l'An. Je m'endors les poings serrés.

8

— C'est vraiment poche comme voyage.
Nous sommes le 1er janvier, on est assis
dans un super fauteuil en cuir moelleux, les pieds
sur le bord d'un superbe foyer, avec un verre de
vin. La suite est extraordinaire avec cuisine, salle
à manger et salon. Deux chambres à coucher avec
salle de bains, bain tourbillon et douche vapeur
sur deux étages. Nous avons une vue sur la montagne et la forêt.

— Je te l'avais dit, me répond mon chum.

Ma mère est partie se promener autour du lodge.

— J'en reviens pas. Elle est habillée comme toi.
Elle fait tout ce que tu fais, ne parle jamais, ne dit
pas merci. On dirait qu'elle n'est jamais contente.
C'est vraiment pas quelqu'un de sociable ou
d'agréable.

— Toi non plus, tu n'es pas très agréable avec
elle. Tu devrais faire des efforts. Moi, je vous
emmène tous les deux en voyage dans un super
endroit qui me coûte une fortune, et tout le monde
fait la baboune. As-tu pensé à moi là-dedans ? Je
suis prise avec vous deux, j'essaie de faire le clown
pour couper la tension. C'est épuisant.

— Moi, faire un effort ? J'en fais un monumental en passant tous mes congés des fêtes avec ta mère qui n'a pas d'allure. Comment se fait-il qu'à cinquante-neuf ans elle n'ait pas de vêtements de neige et qu'elle doive emprunter une valise ? Ce n'est pas un constat d'échec de vie, ça ? Je comprends qu'elle soit malade, mais dans le fond ça ne change rien. Depuis que je te connais, ta mère dépend de toi pour tout. Je sais que tu paies ses factures, je sais que tu règles ses problèmes. Ta mère, c'est ton enfant et elle ne grandit jamais. Moi, je ne suis pas comme toi, je ne peux pas faire semblant que tout est correct. Je pense que ta mère n'a pas d'allure et ça paraît dans ma face, je pense que toi aussi tu n'as pas d'allure dans ta façon de gérer ta relation avec elle. Tu l'entretiens là-dedans.

— Elle est malade, maudite marde ! Qu'est-ce que tu veux que je fasse, que je la laisse tomber ? C'est vraiment moche de ta part de me remettre ça sur le dos un 1er janvier. Je fais mon possible pour que tout le monde soit heureux et ça me retombe dessus. Tu devrais me soutenir un peu plus au lieu de me descendre sur ma façon de gérer ma relation avec ma mère. Tu sauras que je travaille là-dessus en thérapie, je fais de mon mieux.

— Tu travailles là-dessus depuis trente ans, ce n'est pas très concluant. Je te soutiens en tout temps et tu peux toujours compter sur moi pour te dire exactement ce que je pense et, en règle générale, j'ai raison.

Si je pouvais lui balancer la lampe en forme de panache de chevreuil par la tête, je le ferais, mais elle est trop lourde. Je suis au bord des larmes, enragée, frustrée. Au même moment, la clé se fait entendre dans la porte de la suite. Ma mère est de retour, souriante et de bonne humeur, les joues rouges.

— Quelle belle soirée, il y a un feu de camp en arrière et une patinoire. C'est vraiment génial comme endroit, vous devriez aller faire un tour dehors, vous deux !

— Je vais me coucher, dis-je en me levant, les bras croisés.

Bonne année 2009 !

9

— Marie Pauline, il faut absolument que tu m'aides. Je ne peux pas continuer comme ça. J'ai passé un super mauvais temps des fêtes à me chicaner avec mon chum au sujet de ma mère et à faire semblant que tout allait bien avec elle. Je ne sais plus quoi faire et je suis vraiment, vraiment à bout de nerfs. Je ne comprends pas pourquoi je n'arrive pas à passer par-dessus. Pourquoi ça vient tout le temps me chercher dans les tripes comme ça ? J'ai fait des avancées avec Denise et avec Jean-Claude en hypnose, je te jure que je travaille là-dessus, mais ça ne débloque pas. Je tourne en rond.

Marie Pauline sourit. Elle a toujours cet air angélique et complètement détendu, comme s'il n'y avait pas un seul souci dans sa vie. Nous sommes dans sa cuisine, à Blainville. Une grande et luxueuse maison pleine de lumière. Marie Pauline est une belle femme blonde, douce et souriante. La vie lui sourit. Elle a connu sa part de difficultés, pas mal plus graves que les miennes. Aujourd'hui, elle est thérapeute et aide les gens à se sortir de leurs problèmes.

— Comment as-tu fait, toi, pour arriver à vivre de manière aussi harmonieuse ? Comment ça se fait que ça marche pour toi et pas pour moi ? Il me semble que tes obstacles à toi ont été encore plus grands à surmonter.

— Ma belle Marie-Claude, c'est difficile pour tout le monde. C'est comme peler un oignon, il y a plusieurs couches. Il faut beaucoup de temps et de courage pour aller au fond des choses. Je pense que tu règles des choses importantes en ce moment avec ta mère. Moi aussi, je fais du cheminement avec elle. C'est une femme extraordinaire et c'est inspirant de vous voir aller.

Ma mère est une femme extraordinaire et nous sommes inspirantes ? Je commence à penser que Marie Pauline a une version bien personnelle de la réalité.

— Mais c'est quoi, le problème ? On n'est quand même pas des survivantes d'un camp de concentration !

— Parfois, les gros problèmes se règlent plus rapidement parce qu'il y a une question de survie. Ça force le déblocage. J'ai vu beaucoup de belles grandes guérisons dans ma pratique. Les plus difficiles arrivent souvent quand c'est plus compliqué de cerner le malaise. Dans ton cas, je pense que tu as sauté des étapes importantes dans ta vie, tu es devenue adulte trop vite et ç'a laissé un grand trou dans ton esprit. En même temps, tu as pris la responsabilité de ta mère, ce qui t'empêche d'être ta propre personne. Ça empêche aussi ta mère de se trouver. Vous avez besoin de vous séparer l'une de l'autre pour vous retrouver.

— Oui, mais j'ai fait ça il y a quelques années quand je l'ai congédiée du salon de beauté que j'avais ouvert. Elle ne faisait pas l'affaire comme masso-thérapeute et réceptionniste et causait des tensions avec ma partenaire d'affaires. Je lui avais fait face, je lui avais dit que je ne pouvais pas la protéger et la faire vivre pour le restant de mes jours. Elle ne m'avait pas parlé pendant six mois. On s'était dit des choses en se réconciliant. On avait parlé de notre dynamique malsaine. Tout a déjà été dit.

— Oui, mais ça n'a pas été réglé à la source.

— Dans l'enfance, encore ? Honnêtement, Marie Pauline, je ne suis plus capable de retourner sans arrêt en arrière. Je l'ai fait deux fois encore cet automne avec deux thérapeutes différents. Je ne peux pas continuellement retourner en arrière, je veux regarder en avant.

— Tu fais beaucoup de travail, Marie-Claude, et très rapidement. Il faut juste que tu acceptes la colère et les émotions que tu as refoulées dans ton enfance. Il faut que tu regardes le trou que tu as dans ton âme, dans ton cœur, et que tu laisses les émotions sortir. Si tu veux, je peux t'aider.

— Là, maintenant ?

— Pourquoi pas ?

Il n'y a vraiment pas d'échappatoire. Pas moyen de prendre un thé en paix chez une copine. J'accepte finalement de monter dans le bureau de Marie Pauline pour une séance. Mon instinct me dit de prendre la boîte de mouchoirs et un verre d'eau. Une chance !

Marie Pauline est assise derrière son bureau, ses lunettes en place, un crayon à la main et une feuille de papier blanche sur l'espace de travail. Je suis assise sur une chaise confortable de l'autre côté.

— Alors Marie-Claude, dis-moi ce qui te frustre présentement.

— Peu importent mes résolutions et mes efforts, ma mère appuie sur mes boutons de tension chaque fois que je la vois. Je suis incapable de passer plus de deux heures avec elle sans être dans tous mes états.

— Comment tu te sens quand tu es dans tous tes états ?

— Je me sens frustrée.

— Plus que ça, mets-toi dans la situation et décris-moi les émotions que tu ressens quand elle est près de toi.

— C'est comme si je n'avais pas ma place, comme si j'étais incapable de m'exprimer adéquatement, comme si je me sentais obligée de faire semblant. J'ai peur de lui dire les vraies choses, de la blesser. J'aimerais qu'on puisse se parler des vraies choses. Il y a comme un silence entre nous deux, comme des tabous. Je la soutiens moralement et financièrement depuis des années et ce n'est pas normal. Ça m'étouffe. Évidemment, ce n'est pas le moment d'en parler maintenant qu'elle est malade.

— OK. Revenons aux émotions.

Marie Pauline me relit ce que j'ai dit.

— Donc, tu te sens frustrée de ne pas pouvoir parler, tu sens que tu fais semblant. Comment se sent quelqu'un qui fait semblant ?

— Il se sent invisible.

— Et quelqu'un qui se sent invisible, il se sent comment ?

— Frustré, bafoué, impuissant, emprisonné, mal pris, malheureux, triste et très seul.

— Maintenant, Marie-Claude, j'aimerais que tu fermes les yeux et que tu respires profondément.

Marie Pauline procède alors à sa forme d'hypnose, moins profonde que celle de Jean-Claude et un peu différente. Sa voix est calme et posée, douce et ferme à la fois, et elle me relit ce que je lui ai dit.

— Marie-Claude, j'aimerais que tu reviennes en arrière et que tu me dises à quel moment dans ton enfance tu t'es sentie impuissante et seule. À quel moment tu as senti que tu ne pouvais pas parler, que tu ne pouvais pas exprimer tes sentiments, des sentiments de tristesse et de solitude, des sentiments de frustration. À cette époque, tu te sentais comme en prison, bafouée, et tu te disais que tu étais vraiment mal prise. Tu t'es alors dit qu'il valait mieux faire semblant par peur.

Tout de suite, je me revois à cinq ans dans notre maison à Laval. Le même genre de scène qu'avec Jean-Claude, mais cette fois-ci je suis dans mon propre corps et, au lieu de voir ce qui se passe, je ressens toute la détresse. Les émotions remontent comme si je les vivais pour la première fois. J'ai les yeux fermés et je pleure à chaudes larmes, les sanglots sont violents. Je suis secouée par une profonde détresse.

— C'est correct, Marie-Claude, laisse monter les émotions. Qu'est-ce qui se passe ?

Entre deux sanglots, je crie à Marie Pauline :

— J'ai peur. Je suis dans un coin et j'ai peur de ce qui arrive. Je suis angoissée, anxieuse. Qu'est-ce qui va se passer, où vais-je me ramasser ? Est-ce qu'il y a encore de la place pour moi ? Ma mère est en colère et je sens qu'elle en a déjà trop à gérer. Je suis inquiète pour elle et je dépends d'elle, ça me fait très peur.

— Qu'est-ce que tu ressens ?

— De la colère. Je me dis que je ne peux pas compter sur eux. Mon père s'en va et ma mère est mal en point. Je me dis que je vais m'organiser toute seule. Je vais trouver une façon moi-même. C'est la seule chose à faire.

— Est-ce que tu comprends qu'une petite fille de cinq ans ne peut pas s'arranger toute seule ?

— Oui.

— As-tu envie de la prendre dans tes bras ?

À ce moment, je me mets à pleurer encore plus fort, je suis étouffée par les sanglots. Je ne peux pas parler, alors je fais signe de la tête.

— Prends-la dans tes bras. Dis-lui qu'elle peut s'exprimer, dis-lui que tout va bien aller.

Après un long moment où je me berce les yeux fermés, la colère se met à monter en moi.

— Je veux que ce soit ma mère qui me berce, pas moi !

— Alors, dis-le-lui, Marie-Claude. Dis-le-lui.

— Mais elle ne m'écoute pas !

— Crie-le-lui, sors-le, exprime-toi.

À cet instant précis, aucun mot ne sort de ma gorge, seulement des râles entre des sanglots. J'ai des convulsions de colère entre les larmes. Je me replie sur moi-même, je me prends la tête entre les mains. Je n'en peux plus. Marie Pauline est silencieuse et me laisse vivre ma crise. Après de longues minutes, elle reprend.

— Ça te fait du bien, Marie-Claude, alors laisse-toi aller. Maintenant, tranquillement, je veux que tu visualises Jean et Louise. Regarde tes parents et mets-les dans une sphère de lumière.

Je fais un signe de la tête entre deux larmes. J'ai une énorme boule dans l'estomac, mais la lumière me fait chaud dans la poitrine et me fait sourire par moments. Je pleure de joie et de tristesse à la fois.

— Laisse-les partir dans cette lumière. Maintenant, prends la petite Marie-Claude par la main et emmène-la dans un endroit paisible, dans un endroit serein où elle pourra être bien et en paix. Explique-lui que tout est fini, que tout va bien et qu'elle va pouvoir être une petite fille de cinq ans sans souci, qu'elle pourra jouer, rire et avoir du plaisir. Rassure-la, Marie-Claude.

Je fais un signe de la tête pour lui dire que c'est fait.

— À présent, répète après moi : en ce 8 janvier 2009, moi, Marie-Claude Savard, je reprends ma place telle qu'elle doit être. Je suis libérée de ce mécanisme de survie qui m'a permis de passer à travers une partie de mon enfance. Je remercie ce mécanisme de m'avoir sauvé la vie mais aujourd'hui je le laisse aller en paix. En ce jour du 8 janvier 2009, j'ouvre un nouveau chapitre.

Je répète tout solennellement. Marie Pauline me ramène à la conscience doucement et j'ouvre les yeux. Nous avons parlé pendant plus de deux heures ! J'ai l'impression d'avoir fait un long et lointain voyage, et il me faut plusieurs minutes pour réaliser où je suis et qui je suis. Marie Pauline, qui a l'habitude des séances chargées d'émotion, me laisse seule et descend m'attendre au rez-de-chaussée.

— Prends le temps qu'il te faut, Marie-Claude, quand tu es prête, je t'attends en bas.

Je suis pas mal étourdie, fatiguée mais reposée à la fois, et surtout très calme. Après toutes ces convulsions d'émotion et les sanglots, je suis complètement vidée. Je suis surtout étonnée de constater que je portais cette charge émotionnelle en moi tous les jours. Je comprends un peu mieux pourquoi j'ai des réactions physiques par moments quand je suis avec ma mère. Des tensions dans le dos, mal à la gorge, un malaise généralisé, pas assez intense pour faire quelque chose, mais suffisamment pour que je ne me sente pas bien. Je me demande si elle a aussi les mêmes symptômes. Pas étonnant qu'il y ait des tensions. Je n'avais honnêtement jamais abordé la dynamique entre nous deux sous cet angle. C'est radicalement révélateur.

De retour au rez-de-chaussée, Marie Pauline m'attend tout sourire dans sa cuisine avec une tasse de thé. Le soleil a envahi sa maison, j'ai l'impression d'être une extraterrestre qui vient de débarquer sur la Terre.

— Bravo, Marie-Claude, tu es allée très loin aujourd'hui. Quelle séance ! Comment te sens-tu ?

— Un peu déstabilisée, je dois t'avouer. Je ne pensais pas qu'il y avait tout ça en moi. Je commence à comprendre pourquoi je suis souvent si fatiguée, pourquoi je suis tendue avec ma mère. Ces derniers temps, la pression devenait insoutenable parce que je n'ai plus de distance avec elle à cause du cancer. Je l'ai en pleine face à temps plein et ça devenait très difficile à gérer.

— Tu vois qu'il y a toujours quelque chose de positif dans les épreuves. Ça te force à faire le ménage et peu importe ce que l'avenir vous réserve, vous en sortirez toutes les deux grandies.

— Je commence à comprendre le sens du travail que tu fais, la réconciliation avec l'enfant en soi et tout ce qui vient avec. C'est vraiment puissant comme processus.

— C'est une étape importante à réaliser pour vivre en paix et en harmonie et pour être vraie avec soi-même.

10

L'année 2009 commence donc avec fracas. Les différentes séances de thérapie combinées me permettent de vivre ma relation mère-fille avec beaucoup moins de charge et de tension. Je suis soulagée de voir que je peux faire des choses de mon côté pour améliorer la situation sans avoir à affronter directement ma mère, qui en a déjà plein sa cour.

Physiquement, ça va mieux pour elle depuis qu'elle a terminé la chimiothérapie. En apparence, rien n'a changé. Elle n'a perdu ni ses cheveux, ni ses sourcils, ni ses ongles. Elle a pris quelques livres tout au plus, elle a fière allure pour une femme atteinte d'un cancer en phase terminale. Elle pourra recommencer l'exercice légèrement dans quelques semaines si les résultats de son prochain scan sont bons.

Pour le moment, c'est le stress qui fait des ravages. Elle est incapable de lâcher prise tant est grande son angoisse de savoir si les traitements ont fonctionné. Même si la première chose que l'oncologue lui a dite il y a quatre mois, c'est qu'il n'y a aucune façon pour elle de s'en sortir, elle a gardé espoir et, dans son for intérieur, je sais qu'elle y croit. Moi aussi j'y crois, parce que ma foi et ma spiritualité m'ont amenée à voir les miracles un peu partout. Je sais très bien que l'humain est plus fort que la science, alors je me dis que tout est possible. J'encourage d'ailleurs ma mère dans ce sens en lui recommandant des lectures. Il faut attiser la flamme, c'est la seule façon de ne pas se laisser envahir par le négatif, même s'il entre dans les brèches par moments.

Pour ma mère, le stress de l'attente est bien pire que les nausées de la chimio ou les effets secondaires des médicaments qu'elle a dû prendre pendant quatre mois. Elle est à son mieux quand elle sait qu'elle lutte, qu'elle est active. En cette fin de janvier 2009, tout ce qu'elle peut faire, c'est laisser tranquillement son corps évacuer les produits chimiques et attendre la date du prochain examen complet. Ensuite, il faudra attendre les résultats afin de savoir où nous en sommes et quelle sera la prochaine étape.

— J'ai recommencé à faire de l'insomnie, je ne me sens pas bien, je suis stressée.

— As-tu pensé à la méditation ?

— Je suis trop anxieuse pour méditer.

— Peut-être en groupe ? Parfois ça aide.

— Je suis écœurée, Marie-Claude, de méditer, de parler, de lire des livres de spiritualité ou de croissance personnelle. Je ne suis pas allée chez Marie Pauline depuis trois semaines parce que je suis tannée. J'en ai plein mon casque !

Les larmes se mettent à couler mais ce sont des larmes de découragement et de rage.

— Là, tu es fatiguée physiquement, c'est normal de capoter. On serait écœuré à moins, honnêtement. Tu as traversé quatre cycles de chimio avec brio, ça fait seulement cinq mois que tu as reçu ton diagnostic, c'est beaucoup de stress en peu de temps. Donne-toi un *break*.

— Je peux plus rester chez nous à rien faire, je vais virer folle. Je tourne en rond dans mon condo et dans ma tête.

— Alors sors et bouge. Trouve-toi des activités, reprends un peu l'exercice, si tu le sens. Tu es maître de ta vie. Fais donc ce que tu veux.

— Je ne sais pas quoi faire, où aller. J'aimerais me trouver un emploi à temps partiel pour me changer les idées. J'aimerais garder des enfants.

Ça, c'est sa façon de me dire que, si elle était grand-mère, elle serait occupée et ça donnerait un sens à sa vie. C'est détourné, c'est inconscient et probablement en grande partie involontaire, mais elle souhaiterait que j'aie un enfant. C'est toujours présent entre nous deux. Elle aimerait s'occuper d'un enfant. Ce n'est pas la première fois qu'elle m'en parle et c'est de moins en moins subtil. J'ai déjà pensé avoir des enfants, j'ai même essayé à quelques reprises, passé des tests, réfléchi à tout ça. Chaque fois, je change d'idée. Je ne peux pas prendre une telle décision pour quelqu'un d'autre. Mes parents ne se sont pas trop posé de questions avant de m'avoir, disons que j'ai le réflexe inverse. Comment être une bonne mère sans en avoir eu une? J'aurais bien envie de lui crier tout ça à la tête, mais pour le moment ça ne sert à rien de commencer à s'inquiéter.

Elle ne réalise probablement pas non plus que mon enfant, c'est elle, et qu'il n'y a pas de place à l'intérieur de moi pour la responsabilité d'un autre être humain. Je la soutiens déjà financièrement, ce qui me fait accepter des projets à l'extérieur de *Salut Bonjour*, qui est déjà un travail prenant et envahissant. Je suis usée pour une fille dans la trentaine et, pour avoir un enfant dans de bonnes conditions, il faut avoir quelque chose à donner, il faut pouvoir nourrir, enrichir. Je sais aussi qu'un enfant apporte son lot de stress dans un couple et, honnêtement, la dernière chose dont nous avons besoin présentement, c'est d'un peu plus de raisons d'être tendus.

— Je vais peut-être voir avec ma voisine si elle a besoin d'une gardienne de temps à autre. Tu peux aussi rédiger une annonce qu'on pourrait mettre à l'épicerie. Mais je me demande si c'est réaliste de penser que tu peux courir après des enfants maintenant. Dans ton idée, c'est calme et joyeux de s'occuper d'enfants, mais dans la réalité ça peut être difficile, surtout quand ils ne te connaissent pas.

— Je ferais n'importe quoi pour me sentir utile, même le ménage.

— Veux-tu venir faire le ménage chez nous? Veux-tu que je te trouve des endroits où aller? C'est le genre de truc que tu peux faire à ton rythme, quand tu veux, si tu ne te sens pas bien, tu peux changer le rendez-vous. Ce n'est pas très compliqué et ça peut te faire un revenu d'appoint.

— Je pense que ça me ferait du bien.

— Alors, je t'embauche.

C'est un peu bizarre d'embaucher ma mère comme femme de ménage, mais si elle veut travailler, je ne vois pas comment faire autrement.

— Tu pourrais aussi faire du bénévolat, peut-être. Il y a sûrement quelque chose à faire au Royal-Victoria.

— Je ne veux pas aller à l'hôpital quand je vais bien. Je ne veux pas non plus me retrouver dans un environnement lourd ou négatif.

— Non, mais du bénévolat auprès des enfants, par exemple ?

— Je ne sais pas où regarder.

La bonne nouvelle dans tout cet échange, c'est que je ne suis pas exaspérée. Étonnamment, je ne ressens pas de colère et je ne le prends pas personnellement. Elle se bat pour sa survie, alors inévitablement elle cherche un sens à sa vie. Pourquoi rester en vie si c'est pour passer la journée devant la télé ? C'est logique. Elle n'a jamais été débrouillarde. À cinquante-neuf ans et malade, il serait étonnant qu'elle se transforme comme par magie.

Je respire profondément.

Pour les histoires d'enfant, je devrais m'y remettre. Ça ferait du bien d'avoir un peu de vie et de joie dans notre quotidien. Bon, c'est peut-être un signe. Mais il y a quelque chose qui me retient dans mon cœur. Je ne pense pas être tout à fait prête. Je voudrais vivre ça autrement. Évidemment, je n'ai plus dix ans devant moi, mais j'ai encore quelques années. Bof, si je lui dis que j'essaie de tomber enceinte ça lui donnera espoir. De mon côté, je vais faire confiance à la vie : si ça arrive, ce sera la bonne chose.

— Je vais faire des recherches pour toi sur Internet pour le bénévolat. Pour le ménage, on commence la semaine prochaine si tu te sens bien, ça te fera sortir de chez vous, et Christian et moi allons essayer sérieusement de tomber enceinte. Je vais acheter des bidules pour prédire l'ovulation et je vais être disciplinée.

— Pour le bénévolat, faudra attendre après le scan, c'est là que je verrai où j'en suis parce que s'il faut que je fasse encore de la chimio, ça sert à rien de m'engager à faire quelque chose. Même chose pour le ménage, dans le fond, c'est mieux d'attendre.

Aaaahhrrrrrrrgg.

— C'est sûr, maman, comme tu veux.

11

— Les nouvelles sont bonnes, madame Myrand. Je serre la main de ma mère assez pour lui casser les os. Nous avons les paumes moites.

— Vous avez mieux réagi que je pensais aux traitements. La tumeur a rapetissé d'environ trois centimètres de diamètre.

Trois centimètres ? C'est gros comment, ce truc-là ?

— Est-ce qu'on peut voir les images ? dis-je à l'oncologue.

— Vous les avez dans le rapport, je vais vous en laisser une copie. Donc, la masse a diminué, ce qui est le meilleur des scénarios possibles. Vous respirez mieux, il n'y a pas de métastases, ce qui signifie pas de propagation ailleurs dans le corps. Votre cœur va bien, il n'y a plus de liquide dans le péricarde. On se reverra donc en mai prochain.

L'oncologue nous remet le document et quitte la salle de consultation.

Nous restons assises, silencieuses, je me sens soulagée. Ma mère, elle, est assommée.

— Comment ça, en mai ? Je fais quoi en attendant ?

— Tu vis ta vie, j'imagine.

— Mais les traitements fonctionnent, je veux guérir, moi. Je ne veux pas me promener avec cette tumeur qui menace de se remettre à être active à n'importe quel moment. Pourquoi je ne peux pas continuer les traitements ?

— Il aurait fallu le demander au médecin. Attends, je vais voir si elle est disponible.

À l'accueil, je demande à nouveau l'oncologue. Elle est déjà avec un autre patient, il faudrait reprendre un rendez-vous.

— Son assistante ?

— Vous pouvez l'appeler en tout temps, mais elle n'est pas ici sur l'étage.

Je convaincs finalement ma mère de quitter l'hôpital. Nous avons reçu une bonne nouvelle aujourd'hui, il faut fêter cela ! Il fait soleil, le temps est doux pour le début du mois de mars. Deux mois sans visite à l'hôpital après la période intense que nous venons de vivre, c'est une bénédiction. Évidemment, ce n'est pas moi qui ai un cancer dormant.

Au restaurant de sushis, nous avons un superbe plateau devant nous et une demi-bouteille de saké.

— Aujourd'hui, la vie est belle. Les nouvelles sont bonnes. Il faut en profiter.

Je lève mon verre à ma mère, qui me sourit en retour.

— C'est vrai, je suis soulagée, mais je veux continuer à me battre. Je ne veux pas rester à ne rien faire.

— En même temps, la clé de la guérison, c'est de profiter de la vie, d'être positive, de vivre dans le moment présent.

— Facile à dire.

— En effet, c'est le grand défi de nos vies. Pourquoi ne pas mettre tes énergies ailleurs ? Tu sais très bien que tu as le pouvoir de te guérir, c'est ce que tous les livres qu'on a lus depuis cinq mois nous disent. Maintenant que tu n'as plus de chimiothérapie, que tu n'es plus fatiguée, tu peux explorer d'autres voies. Ce n'est pas parce que ce n'est pas chimique que ce n'est pas puissant. Consulte des spécialistes en médecine alternative. Tu es chanceuse, tu ne travailles pas, tu as tout ton temps.

— Je n'ai pas d'argent pour ça.

— Je vais payer sans problème. On parle de ta santé, il n'y a rien de plus important. Moi aussi j'ai besoin de me sentir utile, ça m'aide à gérer mon sentiment d'impuissance. Et si tu te trouves un boulot à temps partiel, tu auras plus de revenus.

— Je vais penser à tout ça.

— En attendant, mangeons, bonté divine !

C'est bizarre, mais tout au long du repas la conversation sonne faux. Je rassure ma mère en lui disant que c'est la meilleure chose, qu'en ne faisant plus de chimio elle aura l'énergie de chercher d'autres réponses, d'autres traitements, qu'elle verra plus clair. Je lui dis que je serai là pour la soutenir émotionnellement et financièrement. Dans le fond, en la rassurant, je tente de me convaincre aussi. Mais il y a une boule de stress et d'angoisse dans ma gorge et dans mon ventre.

12

— J'ai décidé de changer de médecin et d'hôpital.
Ma mère est assise dans ma cuisine, une tasse de thé dans les mains. Elle semble énergique et de bonne humeur.

— Ça se fait ?

— Pourquoi pas ? Je ne suis pas satisfaite des réponses que je reçois présentement. Je suis en forme, je suis encore jeune, pourquoi attendre simplement que la tumeur redevienne active pour faire quelque chose ? Ce sera peut-être trop tard à ce moment-là. Moi, je veux agir tout de suite.

— D'après ce que je comprends, c'est la façon de faire dans le cas du cancer des poumons. Et si la tumeur est dormante pendant deux ans, ce sera deux ans à vivre librement. Ce n'est pas mieux que de passer encore du temps dans un hôpital ?

— Je ne suis pas capable de vivre avec une épée au-dessus de ma tête. Je ne suis pas capable de vivre avec cette tumeur à l'intérieur de moi. Quand je suis dans l'action, je me sens mieux. Là, je suis déprimée et j'ai de la difficulté à dormir. De toute façon, je n'aime pas mon médecin, et savais-tu qu'il y a un site internet où les gens donnent une note à leur médecin ?

— Euh… non, j'ai jamais vu ça.

Ma mère surfe sur Internet maintenant !

— Ben oui, figure-toi donc que tu peux aller donner une note et mettre des commentaires. Mon médecin est reconnue comme une des pires à Montréal en termes de relations humaines.

— Je n'en doute pas, mais je crois que c'est le cas pour la majorité des médecins. Il me semble que je n'ai jamais entendu personne me parler d'un oncologue chaleureux et sympathique.

— Ben moi, j'en ai trouvé qui ont des commentaires positifs sur leur attitude et j'ai l'intention de les rencontrer.

Aussi étrange que ça puisse paraître, ma mère a passé les deux mois suivants à interviewer des médecins. Elle a demandé à notre médecin de famille de la recommander à tous les spécialistes qui avaient de bonnes notes sur son fameux site internet. Elle a visité une grande partie des hôpitaux à Montréal, s'est renseignée sur le type de philosophie de chacun, sur l'organisation des soins, et elle a tenu à visiter des chambres.

Elle a fait sortir son dossier médical en entier, a demandé des copies sur CD de ses différents scans et résultats d'examens. Bref, elle a pris sa guérison en main. Finalement, au mois de mai, ses recherches ont porté leurs fruits.

— J'ai enfin trouvé chaussure à mon pied et j'aimerais que tu viennes le rencontrer lors de mon prochain rendez-vous.

Ma mère a choisi un hôpital anglophone (encore!), pas très loin de la maison. L'aire d'oncologie toute neuve est lumineuse, moderne et agréable. Non loin de là, il y a une maison pour les patients atteints de cancer où sont dispensés des cours de cuisine, de qi gong, de yoga et de musculation. On y trouve aussi des groupes de soutien, un service de maquillage et de perruques pour celles qui perdent leurs cheveux. On se croirait dans une clinique privée en Californie!

Son médecin est attentif et respectueux et, surtout, il nous assure que tant qu'elle voudra des soins, elle en recevra. Il est également d'avis qu'il ne sert à rien de soumettre ma mère à la chimio alors que la tumeur est dormante. Il lui conseille donc de reprendre sa vie, d'en profiter et de s'en tenir à un scan tous les deux mois.

Maintenant qu'elle fait confiance à son médecin et qu'elle se sent mieux dans son environnement de soins, on dirait que ma mère est un peu plus prête à accepter de ne rien faire. De toute façon, elle n'y peut rien. Le problème, c'est que lorsqu'on est moins occupé, on a plus de temps pour se regarder le nombril et voir tous les bobos qui ne sont pas guéris.

Avec une sentence de mort, aussi suspendue soit-elle, les choses qu'on ne veut pas voir remontent à la surface et il devient de plus en plus difficile de les ignorer. C'est vrai pour ma mère, mais c'est vrai aussi pour moi. La possibilité de perdre mon dernier bout de famille proche bouleverse tout mon univers, et même si je continue à travailler comme si de rien n'était, si je souris en disant à qui veut l'entendre que ma mère va mieux, il y a malgré tout une petite voix derrière qui me dit que le temps presse.

Je fais tout pour éviter d'entendre la petite voix. Méditer ? Pas question, pas capable. Si je m'arrête deux secondes, je me mets à stresser. Ma raison me dit que tout va bien, que j'ai travaillé très fort en thérapie pendant l'hiver, que ma relation avec ma mère est proche et quasi normale. Je me félicite du chemin parcouru en me disant que le pire est passé. Encore là, ça sonne faux. Il y a toujours ce sentiment de culpabilité qui me travaille les entrailles. J'ai envie d'oublier le cancer et de vivre ma vie. Il y a des moments où je me dis que ce n'est pas à moi de prendre tout sur mes épaules. Il y a beaucoup de colère et de ressentiment qui remonte parfois. Pourquoi faut-il que j'aie encore toutes ces responsabilités ? Pourquoi la vie ne peut-elle pas être plus simple ?

Une chose est sûre, si je veux être en mesure de continuer, il me faut changer d'air. Je décide donc de partir deux semaines en Europe. Je n'ai jamais été en Europe, et s'il y a une chose que j'ai comprise ces derniers mois, c'est qu'il faut arrêter de remettre les choses au lendemain. Pendant des années, mon père souhaitait me voir visiter l'Europe, faire un grand voyage. Mon conjoint est italien et je sais que son pays lui manque souvent. Il est temps de passer aux actes.

— Nous avons décidé de partir deux semaines en Europe à la fin mai.

— C'est super. C'est une excellente idée, je suis contente de te voir voyager un peu. Ça va te faire du bien. J'ai adoré l'Europe chaque fois que j'y suis allée. Vous faites quoi comme trajet ?

— On a pensé arriver à Paris, louer une voiture, partir à l'aventure. On veut aller à Milan, puis dans le sud de la France et remonter à Paris pour terminer. On compte y passer quatre jours. Comme je n'y suis jamais allée et que c'est une grande ville, on veut se donner le temps. Pour le reste, on sait qu'on va à Milan mais sans plus. On va se laisser inspirer par le moment.

— Wow ! J'ai adoré Paris, j'y suis allée plusieurs fois, j'ai peine à croire que ce sera ta première visite. Il était temps. Je suis bien contente pour vous deux.

Quel soulagement ! Moi qui croyais que ma mère serait paniquée de nous voir partir. En même temps, entre le yoga, le groupe de soutien, ses contrats d'entretien ménager, ses cours de qi gong, son acupuncture, ses séances de thérapie et son jardinage qui commence, ma mère est fort occupée. Nous avons retrouvé la distance qui nous met à l'aise dans notre relation, et même si le stress de la maladie est toujours présent, les effets s'estompent un peu. Il y a des jours où je finis par croire qu'on va s'en sortir et que dans cinq ans on se dira que c'est quand même incroyable qu'un médecin lui ait donné un jour quelques mois à vivre. Je me dis que les miracles, ça arrive, et qu'on est peut-être en train d'en vivre un.

Pourtant, je me sens toute croche. Depuis quelques semaines, j'ai développé une peur en automobile. Quand je suis passagère, je m'agrippe à la poignée de porte et au siège, j'ai sans cesse l'impression que la voiture va foncer dans celle de devant. J'ai peur de la vitesse et un sentiment de panique m'envahit dès que je monte dans l'auto. Quand je conduis aussi je suis stressée, mais pas autant que lorsque je suis passagère. Pour la première fois de ma vie, j'ai l'impression de perdre le contrôle sur mes peurs.

Mon angoisse est exacerbée par le voyage en Europe. Là-bas, nous allons louer une voiture et rouler une bonne partie du voyage sur des routes étroites et sinueuses. Tout le monde me dit que c'est l'enfer de conduire à Paris, j'en déduis que Milan sera aussi terrifiant au volant. Je suis tellement angoissée que j'en fais des cauchemars.

— Il faut que tu te prennes en main, Marie-Claude. On ne peut pas continuer comme ça. Tu es insupportable en voiture, tu capotes pour rien. Il faut que tu règles ça avant qu'on parte en Europe, me dit mon conjoint.

Il a raison. Mais en même temps, je suis épuisée d'avoir constamment les deux mains dans mes émotions, mes angoisses et celles des autres aussi. Les autres ne sont pas toujours dans la « croissance personnelle ». Il est où, le plaisir, bonté divine ? Ma mère va relativement bien, j'ai un bon travail, je m'en vais pour la première fois en Europe. Ce n'est pas la belle vie, ça ?

— Tu as peur du destin. Peur de ce que tu as à l'intérieur de toi, peur d'être toi-même, de laisser sortir la rage et la colère qui t'habitent. Tu penses que si tu lâches prise le moindrement, tu seras emportée par la vague de tout ce que tu refoules. Tu crains d'être libre. Il y a quelque chose en toi qui résiste très fort et ça t'empêche de te laisser aller. Tu es persuadée qu'il te faut être en contrôle à tout moment dans ta tête et dans ton corps. Quand tu es passagère en voiture, tu ne contrôles pas le volant, ni ce qui se passe sur la route, et ton corps et ta tête paniquent.

Verdict de l'hypnologue Jean-Claude.

— OK. Parfait, encore une montagne de trucs, mais je pars pour l'Europe dans quelques semaines. Penses-tu que tu peux m'aider à régler ça à temps ?

— Il faut que tu tapes.

— Taper ?

— Je vais te montrer la TLE, la technique de libération des émotions. Je vais te faire un hyper simplifié pour que tu puisses le faire souvent et rapidement. C'est essentiellement une technique qui combine l'acupression et la concentration mentale pour faire disparaître l'angoisse et le stress, et tous les malaises qui y sont liés. La pratique consiste à tapoter légèrement, avec deux ou trois doigts, une série de points d'acupuncture tout en répétant différentes phrases ou affirmations en lien avec le problème à résoudre. En gros, lorsqu'il y a blocage, c'est-à-dire lorsque l'énergie ne circule pas de façon fluide dans le corps, la maladie peut apparaître. Selon l'inventeur de la méthode, Gary Craig, le déséquilibre est la source de nombreux problèmes psychologiques. Une circulation plus harmonieuse de l'énergie favorise la guérison. Plusieurs de mes patients ont eu des résultats intéressants, mais il faut que tu le fasses à répétition.

Jean-Claude me montre alors une série de tapotements, sur les tempes, au-dessus de l'œil, sur le poignet et la poitrine. Il faut que je fasse trois fois les tapotements sur chaque point en disant chaque fois : « Je m'aime et je m'accepte entièrement même si j'ai peur en automobile. » Il me dit que je peux substituer n'importe quel autre problème, mais pour le moment, je me concentre sur mon mal des transports. Il me dit également qu'il est bon de le faire lorsque je suis en plein dans mon malaise, donc si la panique me revient en auto, je me mets à tapoter.

Je souris en m'imaginant essayer de déchiffrer une carte routière en italien pendant que je me tapote partout en répétant que je m'aime malgré tout. Mon couple aura encore son lot de défis !

13

Mi-mai 2009. C'est le moment de partir en voyage. Une partie de moi se demande pourquoi je gaspille deux semaines de temps loin de ma mère pour aller explorer l'Europe alors que je pourrais y aller n'importe quand. Une autre partie de moi a besoin de refaire le plein, de s'éloigner pour mieux revenir et être en mesure de vivre un peu mieux cette période assez intense, merci! Je suis déchirée. J'ai besoin de passer du temps avec mon chum, je ne veux pas sacrifier ma relation de couple, et pour ça il faut que nous puissions nous retrouver. J'ai vraiment besoin de faire le vide.

Et s'il arrivait quelque chose pendant que je suis loin?

Et si je regrettais pour toujours de m'être éloignée à ce moment?

Ma mère me cache-t-elle son angoisse à l'idée d'être seule?

Est-ce que je l'abandonne? Si je ne l'abandonne pas, est-ce que c'est moi que j'abandonne?

Et si la maladie durait des années, il faudrait que je vive à travers tout ça?

Inutile de vous dire que je ne suis pas la fille la plus relax et souriante ces temps-ci. Je suis tellement tendue dans le dos, dans l'estomac que je suis carrément mal à l'aise dans mon propre corps. J'ai les dents serrées et la mâchoire crispée de tension. Dès que je respire profondément, je prends conscience de tous les nœuds dans mes membres, j'ai une boule dans la gorge et mon téléphone cellulaire est allumé en permanence dans ma main.

— Bon voyage à vous deux !

Ma mère est venue nous conduire à l'aéroport, elle est en forme et de bonne humeur, contente de voir que je pars. Ça lui fait du bien de constater que la vie a repris son cours, qu'on n'est plus dans la panique de la maladie tout le temps. Je pense que ça fait du bien à tout le monde de sortir un peu du drame. Enfin, ça, c'est dans notre raison et dans notre tête. Je suis persuadée que ma mère et même mon chum, à un degré moindre, entendent aussi le tic-tic-tic de la bombe sur laquelle nous sommes assis.

Une chose est sûre, à ce moment précis, nous avons besoin de faire semblant que tout va bien. Nous devons prétendre que tout va bien dans notre couple malgré les tensions extrêmes. Ma mère a besoin de penser qu'elle va suffisamment bien pour que ses proches puissent partir en voyage. Moi, j'ai besoin de recommencer à faire semblant. Je suis en sevrage depuis plusieurs mois, est-ce que je peux retrouver un peu mes pantoufles ?

C'est ce que j'essaie de faire pendant deux semaines. Le fait de m'éloigner physiquement de chez moi, du travail, de ma mère me fait le plus grand bien, mais ça ne veut pas dire que je suis bien à l'intérieur. J'ai beau lire Eckhart Tolle dans l'avion et comprendre le pouvoir du moment présent, je ne suis pas encore capable de le vivre vraiment. Je vis le moment présent par moments, mais très souvent ma tête s'emballe dans des scénarios d'avenir. Je sais que la vie fait bien les choses et j'ai la foi, mais je ne la vis pas à cent pour cent. Facile d'avoir la foi quand tout va bien, mais quand ça brasse, c'est un autre défi. Je sais dans mon for intérieur que, peu importe le dénouement, je survivrai, qu'il y aura des moments difficiles à passer, mais que je serai guidée et que ma bonne étoile veillera sur moi. Mais j'ai quand même le vertige à la pensée que je risque de me retrouver orpheline, sans véritable famille proche. D'un autre côté, la possibilité de vivre ce stress et cette angoisse pendant encore plusieurs années me semble impossible. Un côté de moi veut que la fin arrive, et l'autre, que rien ne change.

Entre les deux, il y a moi en Europe qui souhaite être une simple touriste. Les gens autour de moi sont-ils si insouciants? C'est la question que je me pose plus souvent que jamais. Savent-ils à quel point ils sont chanceux de ne pas avoir à se la poser? Sommes-nous jamais vraiment heureux et libres? Ai-je déjà, même dans le passé, avant que tout ne bascule, été tout à fait libre et heureuse? Je ne sais plus.

Une chose est sûre, l'Italie, la Suisse et la France me réconcilient avec la vie et la beauté du monde. Le voyage me donne le goût de vivre autrement, de sortir de ma tête pour regarder ce qui se passe autour. De vivre à mon rythme, d'apprécier les petites choses. À Milan, je suis impressionnée de voir à quel point les Italiens trouvent un sens dans ce chaos. Je me dis que tout n'a pas besoin d'être contrôlé pour bien exister. Ça me sort complètement de cette envie viscérale de tout mener, que tout soit rangé dans des petits compartiments dans ma vie et dans ma tête. Mon Dieu, que je suis coincée! C'est ce que je me dis en regardant les Italiennes sur leurs Vespa circuler à contresens, éviter un tramway de justesse avec un enfant assis nonchalamment sur le guidon. J'avoue qu'il y a peut-être un équilibre entre les mœurs italiennes et la sécurité routière de base, mais disons que ça me fait du bien de voir que l'être humain peut très bien vivre dans des conditions pas mal plus rock'n'roll que chez nous.

Ça me fait du bien aussi de m'émerveiller toutes les cinq minutes. Tout ce qu'on mange est absolument délicieux, l'architecture est magnifique, les hommes sont bien habillés. En Suisse, les montagnes sont à couper le souffle, et que dire de Paris? Quel bonheur de marcher, marcher et marcher encore pour toujours aboutir dans un coin historique, une autre merveille!

Le seul hic, c'est vraiment les trajets. Particulièrement le petit bout d'autoroute qu'il a fallu faire en Allemagne au début de notre voyage. Il est 10 heures du matin, un mercredi, et je suis au bord de la crise de nerfs. Mon chum est au volant et j'ai l'impression que le cœur va me sortir de la poitrine. Je ne peux tout simplement plus supporter d'être en voiture. Les Allemands me font perdre les pédales.

— Il faut que tu te calmes, Marie-Claude. Je ne peux pas continuer à conduire avec toi dans cet état.

Nous roulons à 180 km/h sur l'Autobahn et on se fait klaxonner sur la voie de gauche. On se fait dépasser à… 200, 240 km/h ! Il y a des tunnels à une voie où tout le monde se suit à la queue leu leu. Je tiens mes jambes dans mes bras, complètement recroquevillée, incapable de regarder dehors. J'ai l'impression de vivre une torture.

Tout me passe par la tête. Si l'auto en avant freine, on est morts. S'il y a un obstacle inattendu sur la route, on tombe dans le précipice. Mais pourquoi suis-je aussi moumoune ? Pourquoi la voiture freinerait-elle ? Je me détends un peu. Assez pour voir un panneau routier que je n'ai jamais vu au Québec, un dessin de carambolage. Risque de carambolage ! Et là, ça recommence. C'est quand même incroyable. Je n'ai jamais eu peur en auto, jamais eu le mal des transports, et il faut que ça m'arrive pendant mon premier voyage en Europe, un *road trip* en plus ! J'ai beau tapoter comme une malade et marmonner que je m'aime quand même malgré mes peurs, il n'y a rien à faire, et là on est sur le point de commencer à se crier après de manière assez sérieuse dans l'auto.

— ARRÊTE SUR LE BORD DU CHEMIN !

J'ai les jambes en compote en sortant de l'auto. Je suis étourdie et, surtout, je suis découragée. Qu'est-ce qui m'arrive ? Je suis en train de perdre les pédales. J'étouffe.

En levant les yeux, je me rends compte que nous sommes dans un endroit paradisiaque, que nous avons quitté l'Allemagne et que nous sommes en Suisse. Que les montagnes sont plus spectaculaires que tout ce que j'aurais pu imaginer. Je n'avais rien vu. C'est là que je réalise que toute mon angoisse m'empêche de vivre. Après quelques minutes de marche et de contemplation, l'oxygène remonte jusqu'à mon cerveau et pendant que le paysage apaise mon chum, je réalise que je suis entièrement responsable de mon malheur. Le problème, c'est que je ne sais pas exactement comment m'en sortir.

Mon chum me prend la main.

— Calme-toi et ça va bien aller. Rien ne va nous arriver ici. Tout va bien se passer. Il n'y a aucune raison de t'inquiéter. Je suis un bon conducteur, nous ne prenons pas de risques inutiles. Nous sommes sur l'autoroute. Tout est sous contrôle.

Voilà ce que j'avais besoin d'entendre. Le problème, c'est que j'ai beau savoir tout ça dans ma tête, mon corps, lui, s'emballe tout seul et c'est là que je perds le contrôle. Mais qu'est-ce qui pourrait m'arriver de pire ? Un accident de voiture ? Ce n'est pas la fin du monde. Mourir ? Est-ce que j'ai peur de mourir ? Probablement. Pourquoi maintenant ? J'imagine que la mort vient tout juste d'entrer dans ma réalité proche et que c'est une réaction émotive. Là je me dis que ça doit être drôlement dur à vivre pour ma mère et j'ai envie de retourner à la maison la prendre dans mes bras et pleurer avec elle. Mais la meilleure chose que je puisse faire, c'est de respirer par le nez et de vivre le moment présent (vive Eckhart Tolle !). Ma mère va mourir un jour, c'est inévitable. Pourtant, ça ne m'a jamais empêchée de vivre ma vie. Dans le fond, c'est une question de perspective. Il faut juste que j'arrive à m'adapter à cette nouvelle réalité, une réalité qui était là avant, mais que je ne voyais pas. Nous allons tous mourir. Pourquoi en avoir si peur ? Mes croyances personnelles sur la vie après la mort sont très définies. Je sais qu'il y a une vie dans l'au-delà. C'est une certitude pour moi depuis toujours. Je n'ai aucun doute là-dessus. Alors, pourquoi avoir peur de la mort ? Dans le fond, on meurt tous chaque jour. Chaque transformation est une forme de deuil. La Marie-Claude d'aujourd'hui n'est pas celle de demain, et ainsi de suite. Je n'ai pas d'autre choix que de laisser aller le passé pour continuer à avancer. Dans le fond, j'ai peur de ma propre transformation… J'ai peut-être peur de cette nouvelle personne qui émerge, peut-être parce qu'elle est encore inconnue ?

— Je sais que tu veux rester ici à regarder dans le vide, mais il faut repartir.

— J'arrive.

La longue réflexion m'a un peu calmée et je suis maintenant en mesure de rester assise sur le siège du passager. J'ai les jointures blanches à force de tenir la poignée de la porte, mais au moins je suis un peu plus présentable. J'imagine que c'est le début du fameux lâcher-prise. Maudit lâcher-prise ! J'aimerais bien lâcher prise sur le lâcher-prise. Bonté divine !

14

— Et si on faisait un voyage tout le monde ensemble dans le Maine cet été?

Nous sommes de retour d'Europe depuis à peine cinq jours. Déjà, je pense aux prochaines vacances. J'ai l'habitude de faire un pèlerinage annuel à Ogunquit. Habituellement, je réserve une chambre dans un *bed and breakfast*, mais cette année, puisque nous avons passé deux semaines seuls en Europe et que ma mère est encore en relative bonne forme, je me dis que ce serait bien de louer une maison et de partir tous les trois en vacances au bord de la mer.

— C'est une bonne idée sur le papier, mais je tiens à te rappeler ce que tu m'as dit au jour de l'An. Si je me souviens bien, c'était quelque chose comme: «Plus jamais!» Moi, ça ne me dérange pas de passer mes vacances avec ta mère, mais vivre un autre épisode de toi avec ta mère, je ne peux pas dire que ça m'emballe.

— Mais j'ai évolué depuis. Le voyage en Europe m'a fait réaliser des choses sur ma façon de toujours vouloir que tout soit parfait, que tout soit sous contrôle. J'ai fait du chemin. Je pense que ça va mieux aller et ça nous fera de bons souvenirs. Il me semble que si je ne le fais pas, je vais le regretter un jour. Ce qu'on ne se dit pas, c'est que ce serait bien de lui donner une dernière chance de voir la mer avant de mourir. On a beau croire aux miracles…

— D'accord pour les souvenirs. Par contre, on ne sait pas encore combien de temps ta mère ira bien. Il faut juste être certains d'avoir des assurances adéquates pour le voyage. Si c'est ce que tu veux faire, c'est ce qu'on va faire.

YOUPI ! Je vais aller en vacances en famille. Je ne tiens plus en place, je saute sur le téléphone.

— Que dirais-tu d'un voyage à Ogunquit en juin ?

— Ben, oui, ça me tente. Es-tu sûre que ton chum est OK avec ça ?

— Oui, il est tout à fait d'accord. On partirait avec ta voiture, cinq jours, je vais louer une maison. On va être super bien. On pourra aussi fêter tes soixante ans là-bas.

Encore une fois, je veux rendre ma mère heureuse à mon détriment ! Pas facile de laisser aller les vieux réflexes. Je me sens toujours coupable de son malheur, malgré tout le travail, toutes les séances de thérapie. Je me sens mal d'être heureuse parce qu'elle ne l'est pas. Elle n'a jamais trouvé sa voie dans la vie, alors que je vis la mienne intensément et à plein, et souvent j'ai l'impression de lui mettre ses échecs en plein visage. Je me sens coupable d'être épanouie et heureuse dans la plupart des aspects de ma vie, alors que je sais que ce n'est pas la même chose pour elle. Même avant le cancer, sa vie n'était pas joyeuse. Se chercher à soixante ans, ce n'est pas facile. Une vie de jeune mère de famille monoparentale avec un ex-mari alcoolique et une mère froide et distante, ce n'est pas facile. La vie amoureuse de ma mère a été quasi inexistante pendant toute ma jeunesse. Ces dernières années, elle avait un conjoint plus âgé qu'elle dont elle s'occupait, il l'a laissée tomber alors qu'elle était aux soins intensifs. La maladie lui a permis de reprendre contact avec plusieurs amies et, aujourd'hui, sa vie sociale est plus riche qu'avant, mais ce n'est pas une femme qui s'ouvre et qui partage facilement ses états d'âme. Quand je suis avec elle, je sens tout le poids de ce qu'elle voit comme ses échecs, et même si je sais que comme mère elle est fière de voir que j'ai réussi au-delà de ses espérances, je sens plus souvent que jamais le besoin de me rabaisser pour la valoriser. J'ai l'impression de prendre trop de place, d'être trop intense et d'étouffer le peu de vitalité qu'elle a en elle. Je ferais tout pour disparaître en petite boule et lui laisser prendre sa place. C'est compulsif comme comportement et peu rationnel. Je comprends que c'est à elle de faire sa place, mais je ne peux m'empêcher de donner plus que moins, comme pour qu'on en arrive à avoir une relation égale. Je lui donnerais la moitié de mon estime de moi et de ma joie de vivre, juste pour me sentir moins coupable. Comme ce n'est pas possible, je lui offre des voyages.

Comme à Lake Placid pendant le temps des fêtes, nous sommes tous misérables. Cette fois, c'est mon couple qui en souffre le plus. De toute évidence, il y a des problèmes un peu partout dans mes relations, et là, ça brasse.

— Il faut que tu sois plus gentil avec ma mère.

Je chuchote dans la chambre à coucher. Ma mère est assise à ne rien faire dans le salon et je n'en peux plus.

— Gentil ? Ben voyons donc, je suis gentil. C'est elle qui fait la baboune à longueur de journée. J'ai l'impression de la traîner partout, elle ne dit rien, ne fait rien.

— Elle se referme parce que toi, tu es agressif. Tantôt, quand nous sommes allés à Portsmouth, elle était fatiguée, et toi, tu voulais aller voir une dernière boutique. Ç'a créé de la tension.

— Ce sont mes vacances à moi aussi ! Si je veux aller voir quelque chose, je ne vais quand même pas me gêner ! Là, tu mélanges toutes les affaires et je trouve que tu as franchement du culot de me dire ça à moi.

Le ton monte et je me dis qu'elle doit se rendre compte qu'on se chicane. Je voudrais me fondre entre les fentes du plancher. Trop tard, il est fâché.

— Chut… Elle va nous entendre et ça va causer un malaise.

— Un malaise, un MALAISE ! Elle est bonne, celle-là. Il n'y a que ça, un malaise, entre vous deux, et tu me mets ça sur les épaules. Tu n'es pas capable de dire ce que tu penses à ta mère. Pourquoi tu ne lui dis pas qu'elle n'est pas vivable en voyage ? Pourquoi tu n'es pas capable de la laisser se morfondre dans son coin sans tout prendre sur tes épaules ? C'est hallucinant de te voir aller. Tu penses que tu avances, toi, avec tes livres de croissance personnelle et tes thérapies ? J'ai des petites nouvelles pour toi : arrête de faire semblant.

— Je ne fais pas semblant, je suis civilisée et je sais vivre en communauté, moi, c'est ça la diffé-rence. Tu ne peux pas prendre un air bête devant les autres quand ça ne fait pas ton affaire. Ce n'est pas comme ça que ça marche. Il faut savoir faire des compromis et penser aux autres. Je ne peux quand même pas lui dire ses quatre vérités en ce moment, elle est malade ! Tu devrais m'aider là-dedans, me soutenir, et pas me rendre la vie infernale.

— Moi, je suis vrai avec moi-même et je ne fais pas semblant, point final. Tu sauras que j'en fais des compromis, je suis en vacances avec ta mère, c'est quand même un méchant compromis, ça.

Le plancher craque et j'entends ma mère redes-cendre au sous-sol. Le ton monte.

— Là, tu me fais capoter. Si tu ne voulais pas que ma mère vienne avec nous, t'avais juste à le dire !

— Ce n'est pas que je ne veux pas qu'elle vienne, c'est que toi tu es incapable d'accepter les choses comme elles sont. Ta mère est une femme misé-rable. Elle ne sait pas comment agir avec les autres. Quand on la voit à Montréal par petites doses, ça va. Mais quand on passe trop de temps avec elle, ça devient insupportable. Tu le sais ! Mais chaque fois tu penses que ça va changer. Elle ne changera pas, ta mère. Elle ne deviendra pas agréable et épa-nouie du jour au lendemain. Arrête de penser ça, tu es déçue chaque fois et tu me mets ça sur le dos après. Occupe-toi de tes affaires comme il faut et arrête de jeter le blâme sur moi. Moi, je fais ce que je veux et je dis ce que je pense.

Christian se lève et claque la porte.

Silence dans la maison.

Je suis en colère. Enragée parce que je suis mal à l'aise de m'être chicanée avec lui devant ma mère, ou presque, et surtout parce que je sais qu'il a en partie raison. Mais aussi parce qu'il n'est pas très présent pour moi dans toute cette saga. Chose certaine, je n'en peux plus. C'était la dernière goutte. Il me fallait un autre voyage pour regarder les choses en face. Je ne suis plus capable de vivre dans le superficiel, le semblant, le mensonge. Je ne suis pas encore certaine de ce qui est vrai, mais je commence à comprendre ce qui est faux. Reste à voir ce que je vais faire avec et, surtout, quand tout va basculer. Chaque chose en son temps.

15

C'est une chance qu'on construise nos vies avec assez d'obligations et d'occupations pour ne pas trop sentir le malaise et le doute en permanence. Il suffit de se noyer suffisamment dans le stress de la vie quotidienne pour ne plus rien sentir. On s'habitue à tout quand on ne regarde pas vraiment les choses en face. Rester en surface est un extraordinaire mécanisme de survie. Les problèmes finissent toujours par nous rattraper, mais ça permet quand même de continuer à fonctionner dans des situations insoutenables.

— Comment va ta mère ?

— Bien pour le moment. Nous aurons les résultats de son dernier examen dans deux semaines, mais pour l'instant la tumeur est dormante. Elle a déjoué le pronostic des médecins. Ils lui donnaient trois mois, ça fera un an en octobre.

Nous sommes à la mi-août. Les vacances de juin sont déjà loin derrière. Ma mère est très occupée entre son qi gong, son yoga, sa méditation, son groupe de soutien, les activités au centre pour personnes atteintes du cancer de l'Hôpital juif de Montréal, son jardinage et ses amies qui sont beaucoup plus présentes sachant qu'elle est malade. Si je souffrais d'amnésie, je pourrais penser que tout va pour le mieux.

Le problème, c'est que je suis usée d'avoir constamment dans la tête ce stress intense. C'est comme si je n'expirais plus depuis des mois. J'ai beau sourire, je ne me sens jamais complètement bien ou détendue. Je suis sur le qui-vive en permanence. Mon téléphone cellulaire est toujours à portée de main. Chaque matin, je me demande ce que la journée me réserve. C'est comme si mon instinct n'arrivait pas à revenir à la normale. Depuis la mort de mon père, je me dis que l'impossible peut arriver à tout moment, et je suis en mode survie à temps plein. Chaque soir en me couchant, je me dis que j'ai survécu à une autre journée sans nouveau drame.

Dans deux semaines, il y aura déjà un an que Jean est décédé. J'ai l'impression que ça fait une éternité. Toutes sortes d'émotions remontent à la surface, parce que, honnêtement, je ne les ai pas vraiment encore assimilées. Je ne peux pas tout faire en même temps. Comment être un pilier pour ma mère en pleurant mon père ? Je préfère donc arrêter de me questionner sans arrêt sur la nature de ma relation mère-fille, arrêter les séances de thérapie. Mieux vaut mettre ça sur la glace pour un moment. J'aurai amplement le temps d'y revenir un jour.

Par contre, je sens le besoin de planifier la logistique de la suite des choses. J'ai beau croire aux miracles et prier pour que ma mère guérisse, quelque chose me dit de préparer l'éventualité d'un tout autre scénario. Ma mère a beau travailler sur sa guérison physique et psychologique, je vois qu'elle tourne encore autour du pot quand il s'agit de ses grandes blessures d'enfance et je pense que, de manière très ésotérique, elle n'est pas prête à faire le grand ménage, donc la tumeur reviendra un jour. À la suite de toutes mes lectures sur la maladie et la guérison, j'ai approfondi mes croyances personnelles sur le lien entre les émotions et la maladie, et il est clair pour moi que les traumatismes d'enfance de ma mère ont conditionné sa vie d'adulte et que les émotions refoulées l'ont fait souffrir et l'ont finalement rendue malade. Je n'en ai aucun doute. Je sais aussi que j'ai moi-même du ménage à faire dans ma propre vie. Nous sommes deux personnes très différentes, parfois même diamétralement opposées. Depuis mon adolescence, je verbalise mes blessures à qui veut les entendre. J'ai donc entamé un peu le ménage. Il me reste à le faire avec elle, et j'en suis encore incapable. C'est pour cette raison que je ne la juge pas dans sa paralysie. Je la comprends. Chacun doit faire les choses à son propre rythme et, parfois, la guérison terrestre n'est pas dans les cartes et ça ne veut pas dire que c'est un échec de vie. J'ai finalement accepté qu'il y a des choses que je ne comprends pas et que je n'ai pas à comprendre. Par contre, j'observe et ce que je vois me fait dire que ma mère travaille plus à accepter la mort qu'à exorciser ses démons. Je ne peux pas expliquer comment et pourquoi, c'est simplement de l'ordre du ressenti. C'est peut-être ça qui me cause autant de tension intérieure. Il faut que moi aussi j'accepte son choix. Ce n'est pas évident, surtout que ce n'est pas le genre de truc dont on peut se parler ouvertement. Va falloir que j'accepte qu'elle m'abandonne à nouveau et ça va réveiller un tas de trucs d'enfant chez moi. J'ai le choix. Je fais comme elle et je ravale ou j'accepte de revivre les émotions. Je ne sais pas encore comment ça va se passer, mais je sais que ça approche.

— Il y a des portes ouvertes aujourd'hui dans le nouveau complexe de condos en face, je suis curieuse de voir de quoi ç'a l'air.

Nous sommes assises dans le jardin de ma maison, les oiseaux gazouillent et il fait beau.

— Je suis contente que tu m'en parles. Moi aussi j'aimerais bien voir les condos. Je suis allée sur le site internet et ce que j'ai vu m'a impressionnée. C'est moderne et, en plus, il semble que c'est écologique.

— Finis ton thé, on y va !

Le condo modèle est petit mais vraiment charmant et chaleureux, même si la décoration est épurée. C'est un mélange de bois et de béton très réussi. Il est au rez-de-chaussée et je vois la fenêtre du salon de ma fenêtre de salon. Il y a une porte qui permet d'entrer directement de dehors, ou encore de passer par l'intérieur du complexe. L'édifice comprend un stationnement intérieur, des ascenseurs, de la sécurité et un système de chauffage et de climatisation géothermique qui est non seulement écologique mais aussi économique.

— Je trouve ça vraiment beau.

— Moi aussi, maman, c'est super bien disposé. La salle de bains est grande, tout est bien pensé. Il y a quand même pas mal de rangement. Le stationnement souterrain, c'est génial. Plus besoin de pelleter, de faire déneiger.

En mon for intérieur, je me dis que ce serait une solution parfaite à moyen terme pour elle. Elle habite à dix minutes de chez moi présentement, mais ce sont des condos de type «maison de ville», alors chacun doit déblayer son entrée. Sa voiture est dans un garage, mais il faut sortir et marcher le long de la maison pour y entrer. Dix minutes en voiture, c'est vingt minutes de déplacement lors de chaque visite, c'est plus compliqué pour elle d'appeler pour demander de lui apporter du lait ou autre chose. C'est aussi plus d'énergie à mettre pour venir nous rendre visite. Dans l'optique où un jour elle aura besoin d'un soutien plus constant, c'est une opportunité à considérer.

Rien ne sert de lui en parler. Il faut que ça vienne d'elle. C'est délicat de discuter de ce genre de perspective d'avenir à haute voix, même si je crois qu'inconsciemment nous sommes toutes les deux du même avis. Il y a comme une entente silencieuse entre nous. Officiellement, on parle de guérison, mais on sait très bien que ce sera autre chose. N'empêche que rien que le fait d'en parler permet d'y croire, ne serait-ce qu'à vingt-cinq pour cent.

De plus, les affaires financières de ma mère sont précaires. Elle ne travaille plus depuis des mois. Son projet de devenir agent immobilier lui avait grugé ses économies et ses REER. Il y a quatre ans, je lui avais transféré une propriété et elle n'avait jamais été en mesure de me rembourser la mise de fonds. C'est donc en grande partie avec mon argent qu'elle avait pu acheter le condo où elle habite actuellement. C'est une situation qui la fait se sentir coupable. Les frais de condo et d'hypothèque sont élevés là où elle vit, et nous savons toutes les deux que c'est une question de temps avant que je doive en assumer les paiements. Vendre pour acheter plus petit, moins cher et plus pratique pendant qu'elle est encore en forme est la meilleure des solutions. Il faut cependant que ça vienne d'elle.

16

— Va falloir que tu m'aides à faire le ménage chez moi. Voir ce que je garde et ce que je donne. Il y a des trucs que je vais jeter aussi. J'ai beaucoup trop de meubles pour le nouveau condo. Je ne veux pas que ça fasse bric-à-brac. Je veux que ça reste épuré.

Ma mère a finalement décidé de vendre son condo et de me remettre la mise de fonds que je lui avais prêtée il y a quelques années, montant que je vais réinvestir en lui achetant sa nouvelle demeure. Les paiements étaient trop élevés et elle se sentait coupable de me les imposer. En vendant et en payant ses dettes, elle repart à neuf, et avec la petite pension gouvernementale qui arrive à soixante ans, plus l'argent que je vais lui donner tous les mois, elle y arrivera sans problème. Ce seront des montants moins imposants à payer pour moi, moins de culpabilité pour elle et, surtout, ce sera une sécurité pour nous deux sachant que je suis à dix pas de chez elle. Nous réduisons le stress de part et d'autre, et c'est exactement ce dont nous avions tous besoin.

C'est aussi une bonne chose qu'elle fasse le ménage dans ses affaires. Je me souviens du bordel que j'avais eu à gérer chez mon père après son décès ; si on peut en arriver au strict minimum après le déménagement, ce sera ça de moins à faire quand elle partira à son tour.

C'est maintenant presque une chose admise et acceptée entre elle et moi. Elle partira bientôt. Oui, elle est en forme. Oui, pour le moment tout va bien. Mais nous savons que sa mort est quand même imminente. C'est vrai, nous allons tous mourir. C'est vrai, elle peut partir dans deux ans, dans cinq ans et, tant qu'à faire, moi aussi je peux partir n'importe quand. Personne ne connaît son avenir. Mais il y a quelque chose qui s'est installé au fil des derniers mois, en fait, depuis que la tumeur est dormante. C'est comme si j'avais compris que ce n'est pas le destin de ma mère de régler tout son lot de colère et de ressentiment et de connaître une guérison miraculeuse. Il y a des jours où ça me met moi-même en colère et d'autres où je me dis que ça ne m'appartient pas. Mais, dans le fond, ce qui lui appartient m'appartient un peu aussi par la force des générations. Comme elle a porté le lot de sa mère ? Est-ce que c'est vraiment vrai qu'il y a une coupure entre les générations de femmes ? Je n'en suis pas si sûre. J'ai hérité, par mon éduca- tion et mes expériences d'enfant, d'une partie de ses démons à elle. J'entends souvent mes amies dire qu'elles ne veulent pas devenir leur mère. Et si on le devenait de toute façon et que c'était une manière d'exorciser le passé, de mettre un terme aux bles- sures et aux dysfonctions qui nous rendent la vie parfois si pénible ? Beaucoup de questions et de sentiments mitigés m'habitent, mais je n'ai ni le temps ni l'énergie pour les attaquer de front. Dans le concret, il y a un déménagement, un changement de vie, même si, dans le fond, c'est un décès qu'on planifie. Je me rends compte que l'action et le mouvement sont aussi très thérapeutiques dans ce genre de situation. Je ne peux pas rester des heures plongée dans mes réflexions, c'est comme gratter une gale. Ça ne fait pas guérir le bobo plus vite et, de toute façon, j'aurai des mois seule à explorer mes bobos. Pour le moment, l'achat du condo donne l'illusion d'avoir une emprise sur la réalité, un peu de contrôle sur nos vies. Disons que ça remonte le moral et il n'y a rien de tel qu'un changement et un projet de décoration pour faire oublier le reste. Dans des situations pénibles, mieux vaut se concentrer sur la tapisserie et la peinture.

Le seul hic, c'est qu'un résultat de scan doit arriver sous peu. Le déménagement est prévu pour le 26 septembre, dans un mois, et on croise les doigts toutes les deux pour que les derniers examens nous annoncent encore une fois que la tumeur est au beau fixe et que rien n'a changé. Ma mère fait de l'insomnie depuis que la tumeur est inactive. Pour elle, cette situation est pire que tout. Quand elle était en lutte, elle avait l'impression de faire quelque chose, ça lui donnait l'espoir de vaincre. Là, elle attend un verdict qui, elle en est persuadée, arrivera sous peu. Elle a une épée au-dessus de la tête et, pour elle, c'est l'enfer. Je ne sais donc pas trop s'il est préférable qu'elle se replonge dans les traitements en cas de réveil du cancer ou qu'elle continue comme ça. D'une manière ou d'une autre, on vit dans le stress. Mais disons qu'avec le déménagement, il serait préférable de vivre deux autres mois sans traitement. Alors, que pensez-vous qu'il se passe ?

— Madame Myrand, nous avons les résultats de votre dernier scan et il y a eu une activité de la tumeur. Elle a grossi d'à peine une fraction de millimètre, mais c'est suffisant pour que nous puissions dire qu'il faut reprendre les traitements.

Évidemment ! Dès qu'on pense avoir un peu d'emprise sur la vie et la destinée…

— Qu'est-ce que ça veut dire ? demande ma mère.

— Concrètement, il faudra faire à nouveau de la chimiothérapie mais, cette fois, puisque vous êtes plus en forme que lors de vos premiers traitements, alors que vous vous remettiez d'une intervention chirurgicale majeure, je vous propose d'attaquer avec pas mal plus de force. Je vous recommande de faire une chimio plus forte.

— Les effets secondaires seront-ils plus intenses ?

— Vous avez davantage de risques de perdre vos cheveux, mais pour le reste c'est toujours difficile à prévoir.

— Est-ce qu'elle va perdre ses cheveux complètement ?

— Oui.

— Est-ce qu'il y a un protocole de recherche disponible pour elle ?

— Nous allons vérifier. Une chose est certaine, je vous recommande trois cycles de chimio et ensuite, si tout va bien, vous pourriez commencer la chimio en comprimés pour le reste de vos jours. Quand la tumeur se réactive, c'est signe que le cancer va revenir. Il y a des gens qui vivent plusieurs années en prenant la chimiothérapie en comprimés. Ça dépend de votre métabolisme. Mais avant les comprimés, il faut commencer les autres traitements rapidement.

— Ma mère déménage le 26 septembre, dans moins d'un mois. Est-ce que nous pouvons attendre après cette date pour commencer ?

— Je ne vous le recommande pas. Il faudrait y aller le plus vite possible.

Ma mère accepte ce verdict de manière très stoïque et résignée, mais moi je m'effondre. À l'intérieur, évidemment, parce que je ne peux rien montrer. Mon instinct me dit que c'est le début de la fin et je suis épuisée par les derniers mois. Le stress toujours présent, les émotions à répétition m'ont usée à la corde et je me retrouve encore avec un lancement de saison à *Salut Bonjour,* donc beaucoup d'énergie à donner alors que je suis à plat. En sortant de l'hôpital, ma mère me dit qu'elle va commencer tout de suite à faire des boîtes pendant qu'elle est en forme pour être prête à déménager durant sa chimio. Elle commence son traitement dans deux semaines, soit une semaine avant le déménagement. Elle se dit heureuse de savoir qu'elle sera à trois secondes de chez moi pour entamer la «grosse» chimio. Elle a l'air d'attaque, du moins c'est ce qu'elle me montre. Moi, à l'inverse, j'appelle à TVA pour les informer que je ne rentrerai pas du reste de la semaine.

Seule dans mon bureau, à la maison, je m'effondre en larmes. C'est plus que ce que je suis capable de gérer en ce moment. Dans quelques jours, il y aura un an que mon père est mort. Cela aussi me rentre dedans et, là, je réalise vraiment que la vie de ma mère me file entre les doigts et que nous amorçons la dernière ligne droite. Je suis paniquée, perdue, fatiguée, triste et en colère en même temps. Non mais, quand est-ce que je vais avoir la paix? Je ne me souviens même plus de ce que c'est qu'être en forme et de bonne humeur.

— As-tu un clipper chez toi?

— Un truc pour couper les cheveux? Attends, je vais voir mais je ne pense pas… Non, pas de clipper ici, pourquoi?

— Je veux que tu me rases la tête. Je ne veux pas aller dans un salon de coiffure pour ça et, comme je sais que je vais perdre mes cheveux bientôt, j'aime mieux les raser tout de suite plutôt que d'en ramasser partout et de déprimer chaque fois. Je vais mettre un foulard sur ma tête. De toute façon, avec le déménagement, je ne veux pas avoir à m'occuper de mes cheveux.

— Euh… OK. Je vais voir si je peux en emprunter un à TVA.

— Je viens souper demain, on pourrait faire ça dehors. Je suis prête, ce sera fait, d'accord?

— Euh… OK. Et les boîtes et les trucs, tu as besoin d'aide?

— Non. Tout est fait. J'ai donné pas mal de meubles. Les gens de l'Armée du Salut viennent demain. Il y en a d'autres que j'ai vendus sur Internet. Tout est prêt pour le déménagement samedi. Je n'ai pas encore d'effets secondaires de la chimio. Ça viendra la semaine prochaine, alors j'aurai le temps de m'installer.

En raccrochant, je me rends compte que ma main tremble. Raser les cheveux de ma mère ? Pas sûre que je sois prête à ça. C'est un peu beaucoup en demander, non ? Il me semble qu'il y a des professionnels qui font ce genre de choses. C'est traumatisant, tout ça. Je suis atterrée de lui raser la tête, mais aussi de voir à quel point elle est résignée. Ça me choque un peu. Mais, dans le fond, je devrais être contente, moi qui chiale depuis des années que ma mère ne se prend pas en main, qu'elle attend toujours après moi. Là, elle se prend en main, mais dans quelle optique ? Mourir ou survivre ? Je suis en maudit. Je ne sais pas exactement pourquoi, mais je suis en maudit. Si elle est capable de gérer sa vie, pourquoi faut-il une maladie mortelle pour qu'elle le fasse ? Ça me choque encore plus de la voir s'activer. Pourquoi ne l'a-t-elle pas fait avant ? Si elle l'avait fait avant, il me semble qu'on n'en serait pas là ! Peut-être que oui, peut-être que non aussi. Et si elle le fait pour son déménagement et ses cheveux, pourquoi n'est-elle pas capable de voir ses deux frères et d'exorciser leur enfance qui les a tous traumatisés ? Pourquoi ne pas vider l'abcès une fois pour toutes avec eux et passer à autre chose ? Il me semble que ce serait plus utile et ça pourrait peut-être la sauver, si on en croit les milliers de livres sur les émotions et la guérison. Et puis, de quoi je me mêle, moi ? Je me mêle de ce qui bouleverse ma vie depuis des mois, mais dans le fond ça ne me concerne pas vraiment… Oh merde ! Là, il va falloir que je lui rase la tête.

— T'en penses quoi, toi, que ma mère me demande de lui raser la tête ?

— Ben, c'est un peu *heavy*, mais aurais-tu le goût d'aller te faire faire ça au salon de coiffure, toi ? Par quelqu'un que tu ne connais pas ?

— Non, j'imagine. C'est juste que ça me vire le cœur à l'envers.

— Ça te vire le cœur à l'envers parce que tu sens qu'elle va mourir. Fais-le, comme ça tu auras moins de regrets quand elle va partir. Souviens-toi de ton père. On se sent toujours coupable quand les gens meurent. Pense à ce que tu dois faire pour te sentir le mieux possible une fois qu'elle sera partie.

— T'as raison. Je vais aller acheter un clipper.

Ça s'est finalement bien passé. J'étais un peu trop de bonne humeur, ça m'aide à gérer le malaise et le stress. C'était pas mal traumatisant de voir ma mère sans ses longs cheveux, mais en même temps, je la sentais prête. Quand elle s'est vu le coco pour la première fois dans le miroir, elle a juste dit : « Ce n'est pas si mal, finalement. » Wow ! Juste imaginer me raser la tête me donne envie de pleurer. Je suis fière d'elle. Elle s'en va à la guerre une dernière fois et, honnêtement, malgré toute l'angoisse, pour elle au moins il n'y a plus d'attente. En se rasant les cheveux, elle prend les devants et elle annonce haut et fort qu'elle veut encore se battre. C'est mieux que l'inverse. C'est étrange par contre parce qu'elle prépare son départ et lutte en même temps. Je ne comprends pas complètement la dynamique, mais je commence à comprendre que je ne peux pas tout comprendre. Bref, elle est quand même jolie sans cheveux et son choix de foulards lui donne du style.

Le déménagement aura lieu dans trois jours, soit le 26 septembre. Le premier traitement de chimio s'est bien déroulé et les effets secondaires devraient apparaître la semaine prochaine. Il y en aura quatre cycles jusqu'à Noël. Ensuite, un autre scan en mars et on verra où on en est. Au moins, on a un échéancier et, théoriquement, tant qu'il y a de la chimio, il y a de la vie. Ma mère aura donc un autre temps des fêtes et c'est dans six mois qu'on connaîtra le verdict. Si tout va bien, elle pourra continuer la chimio en comprimés pendant plusieurs mois, voire plusieurs années. Bref, sur papier nous avons du temps. Quel genre de temps ? Les effets secondaires de la chimio sauront nous le dire, mais comme elle a bien traversé les cycles précédents malgré son état de santé précaire, le pronostic est bon.

Son moral aussi est bon, mais pas le mien. La voir sans cheveux m'a fait réaliser qu'elle est malade. Là, je le sens dans mes tripes. Avant, c'était dans ma tête. Ma raison me disait qu'elle était malade, mais je la voyais encore comme avant. Affaiblie, mais comme avant. Même quand elle était à l'hôpital, on aurait dit que l'urgence du moment, les responsabilités et l'obligation d'être forte m'empêchaient de réaliser vraiment ce qui se passait. J'ai aussi l'impression qu'un mur d'énergie m'a permis de passer la première année depuis le décès de mon père sans trop sombrer dans la déprime et la réalité profonde. Depuis que j'ai traversé ce premier anniversaire, c'est plus difficile. Il ne reviendra pas. La peine est encore bien présente. Pas aussi intense, mais quand même toujours présente. Là, de voir ma mère sans cheveux, ça me fait basculer. Je ne vais pas bien. Je suis épuisée mentalement. Physiquement, je n'arrive plus à recharger mes batteries et j'ai de la difficulté à me lever tous les jours pour aller sourire à la télé. Le contact avec mes collègues de travail me redonne du pep et de la bonne humeur, mais dès que je rentre à la maison, je me sens à nouveau le cœur lourd.

Ma mère est bien installée chez elle, en face de chez moi. On se voit souvent. Elle est très occupée par ses traitements, son groupe de soutien, ses cours de yoga, sa méditation et son qi gong. Elle a une semaine de nausées et de malaises après la chimio, mais ça lui laisse quand même trois bonnes semaines par mois. Je lui prépare de la nourriture pour chacun de ses repas pendant la semaine de douleurs et de nausées, et elle arrive malgré tout à manger. Le fait de ne pas cuisiner elle-même et de ne pas sentir la nourriture aide. Pour moi, c'est facile de lui apporter à manger, je n'ai qu'à traverser la rue, et c'est aussi simple pour elle de sortir un peu de la maison, même quand elle ne va pas bien. Bref, le déménagement de septembre a été des plus bénéfiques. Octobre et novembre passent dans le train-train quotidien. Je médite, je fais du yoga moi aussi, je consulte de temps à autre, mais je suis quand même morose. Il n'y a rien pour changer la réalité que je vis et même la meilleure thérapeute au monde ne peut m'enlever la douleur. En fait, je dois vivre toutes ces émotions pour passer à travers et retrouver un jour la lumière. En attendant, l'automne est gros et sombre.

C'est finalement Stéphane Laporte qui m'apporte un peu de soleil et d'énergie vers la fin du mois de novembre.

— Penses-tu pouvoir venir me rencontrer demain vers 16 heures au bureau de Productions J?

— J'y serai sans faute.

Le lendemain, je me demande vraiment ce qu'on me veut à Productions J. J'ai déjà travaillé pour Stéphane Laporte il y a des lunes comme recherchiste à l'émission *La fin du monde est à 7 heures* sur les ondes de TQS, mais mon mandat avait été de courte durée. Radio-Canada ne voulait pas que je travaille pour le compétiteur la semaine alors que j'étais miss météo au *Téléjournal* la fin de semaine. Stéphane m'avait quand même offert un autre mandat de recherchiste sur *Le bonheur est dans la télé*. On se connaît un peu.

— *La Série Montréal-Québec* commence fin janvier. Les joueurs et joueuses sont présentement en camp d'entraînement, nous avons deux entraîneurs très connus dont je ne peux pas encore te dévoiler les noms. Nous prévoyons une grosse annonce d'ici quelques semaines. Pierre Rinfret décrira les matchs, Yvon Pedneault sera annonceur, nous aurons deux reporters avec chacune des équipes.

Là, je me dis : « Ah, je vais passer du temps dans un des vestiaires comme reporter. » Rien de nouveau, mais ce serait une grande opportunité de faire partie d'un projet unique de sport et de variété.

— Il nous manque cependant la personne qui va attacher le tout ensemble. Le René Lecavalier ou encore le Alain Crête de l'émission, et on a pensé à toi. On pense que tu es rendue là.

Je suis sidérée.

Moi, Alain Crête de *La Série Montréal-Québec*.
OH MY GOD! C'est une grosse affaire. À ce
moment-là, je me rends compte que je n'ai rien
dit et que Stéphane attend toujours.

— Oui, wow, oui! Je suis flattée, je suis contente.
Sois assuré que je vais mettre toute mon expérience
à contribution.

— Bien, alors on va te recontacter avec les
détails de la conférence de presse. C'est la productrice Marie-Ève Dallaire qui va t'appeler pour
négocier les clauses du contrat.

— Merci, Stéphane.

Quinze minutes qui changent une vie et, surtout,
une première bonne nouvelle depuis des mois et
quelque chose qui va mettre l'attention ailleurs que
sur le cancer et les relations mère-fille. Alléluia!

— Maman, je vais animer *La Série Montréal-
Québec*. Je vais être la présentatrice des matchs!

— Je suis fière de toi, Marie-Claude, tu vas être
super bonne là-dedans. Je suis vraiment contente
pour toi.

Il y a de l'espoir, de la lumière, un peu de valo-
risation personnelle et professionnelle et, surtout,
je me sens en vie pour la première fois depuis des
mois. J'ai une pensée pour mon père, qui doit se
péter les bretelles en haut. C'est toujours la même
chose, quelque chose arrive et j'ai le réflexe de l'appeler. Étrangement, je l'entends dans ma tête. Je
le sens quand même proche. Dans le fond, il est
encore en vie à travers moi. Je n'ai aucun doute
qu'il sera avec moi dans trois mois quand je pren-
drai le micro pour parler à douze mille personnes

au Colisée et à des centaines de milliers à la télé. Tout va bien, tout ira bien. Tant que je ne me perds pas, tant que j'ai un port d'attache, je peux traverser les tempêtes.

18

Noël 2009 se déroule étonnamment bien. Ma mère n'a plus un cheveu sur la tête et les derniers cycles de chimio ont été difficiles à traverser, mais elle se sent en sécurité chez elle, bien entourée, et surtout le travail de thérapie commence à porter ses fruits. Elle est mieux dans sa peau, et la bonne nouvelle, c'est qu'elle mange et qu'elle n'a pas perdu trop de poids. Pas de gros réveillon chez moi cette année. Je n'ai pas l'énergie de mettre en chantier une production de dinde, pâtés, ragoût et bûche, mais on trouve quand même le moyen de célébrer. C'est un Noël pas mal moins stressant que celui de l'an dernier. Je ne me pose plus trop la question de savoir si c'est son dernier. À quoi bon? J'ai un projet pour me redonner de l'énergie. Dans trois semaines, ce sera le début de *La Série Montréal-Québec*. C'est le plus beau cadeau du monde.

Il reste un cycle de chimio à ma mère après les fêtes, elle devrait donc être en mesure d'être à la première de l'émission. Ensuite, ce sera de nouveau l'attente d'un scan et d'un résultat.

— As-tu déjà pensé à appeler tes frères?

— Je parle à l'aîné des fois.

— Non, je te parle de ton petit frère.

— Non.

Ma mère est en chicane avec son plus jeune frère depuis des années. Pourtant, ils ont été très proches durant toute leur enfance. Son frère aîné habite maintenant à Vancouver. Il y est depuis des années et, inévitablement, les liens sont moins serrés. On le voit rarement. Il est parti jeune. Je ne sais pas en détail ce qui s'est passé chez ma mère pendant son enfance, mais je sais que la dynamique familiale a affecté les trois enfants de manière assez dramatique. Le cadet, un musicien de talent qui a travaillé pour des orchestres symphoniques partout dans le monde et pour le Cirque du Soleil, a sombré dans la dépendance, la dépression et la maladie mentale. Il a dépensé l'argent de ma grand-mère avant sa mort et terrorisé ma mère avec des propos violents dans plusieurs réunions de famille quand j'étais jeune. Le frère aîné est réalisateur télé à Vancouver. Il était le chouchou de sa mère et il a été l'objet de bien des jalousies. Ma grand-mère a été pour ma mère une femme froide et souvent méchante. Ma mère a dû élever son plus jeune frère parce que ma grand-mère n'en voulait pas. Mon grand-père s'est enfui dans son jardin pour éviter de subir l'atmosphère familiale lourde. Je ne sais pas s'il s'est passé autre chose, mais je sais que tous les membres de cette famille portent de grandes cicatrices qui les ont handicapés dans leur vie adulte.

— Tu ne penses pas qu'il serait temps de régler les comptes entre vous, de parler de votre enfance et de laisser tout ça dans le passé?

— Peut-être, mais ça n'arrivera pas.

— Je ne comprends pas. Tu cherches la guérison. Une partie de ta guérison réside là. C'est le temps des fêtes. Tu as un cancer en phase terminale. Il faudrait un miracle et tu sais que je crois aux miracles. Mais pour y arriver, il faut que tu y retournes. Tu as beau tourner autour du pot, va falloir arriver à ça un jour, ou ça va te tuer.

— Je ne sais pas.

— Je ne sais pas ? Excuse-moi, là, mais on a dépassé les « je ne sais pas » depuis un bout. Je te le dis, il faut que tous les trois vous creviez l'abcès. Moi, je ne sais pas ce qui s'est passé entre vous et je ne veux pas le savoir. Ça ne me concerne pas, mais de mon point de vue, vous avez raté le bateau tous les trois. Pas sur tous les aspects de votre vie, mais certainement sur plusieurs. Vous en avez bavé toute votre vie, surtout dans vos relations avec les autres. Vous avez beau être loin les uns des autres, vous êtes attachés ensemble par cette vieille énergie puissante et destructrice. Je trouve ça ridicule de ne pas au moins essayer de défaire les chaînes. Je sais que c'est facile pour moi de porter des jugements et d'émettre une opinion, mais il faut que quelqu'un le dise. J'en suis au point où je préfère tout dire que d'avoir un jour des regrets. J'ai les coordonnées de tes deux frères, est-ce qu'on fait quelque chose ?

— Tu sais, Marie-Claude, j'ai pardonné ça depuis longtemps. J'ai fait ce que j'avais à faire en thérapie. J'ai laissé aller tout ça. Il n'est pas nécessaire de retourner en arrière. Moi, ce que je veux, c'est regarder en avant.

— Si tu avais tout réglé, tu ne serais pas recroquevillée sur toi-même pendant que je te parle, les épaules complètement affaissées. Tu sais à qui tu ressembles ? À ta mère. On peut faire bien des choses en thérapie, y compris se faire croire qu'on a tout réglé.

— Je te trouve un peu dure à mon endroit.

— Oui, je suis dure. Je suis dure parce que je t'aime et que j'en ai assez de te voir souffrir pour des niaiseries. Je ne sais pas vraiment ce qui s'est passé sur la rue des Hospitalières, à Québec. J'en ai été témoin quelques années dans mon enfance, assez pour te dire que c'était *fucké*. Même enfant, je voulais prendre mes jambes à mon cou et sortir de là. Moi, je me suis mise à regarder la télé pour m'évader, aujourd'hui je fais le clown pour en aider d'autres à faire pareil. Je ne dis pas que je suis parfaite et que j'ai tout réglé dans ma vie. Loin de là. Mais dans la mesure du possible, je vais au front. C'est ce que je te suggère de faire aujourd'hui. Moi, je suis à côté de toi, et je ne peux pas mener tes batailles. C'est parfois enrageant et frustrant, parce que comme je suis à l'extérieur, je vois peut-être plus facilement le chemin à prendre. Mais je ne peux pas décider pour toi. Une chose est claire, par exemple, le jour où tu vas mourir, j'aurai dit ce que j'avais à dire.

— Tu penses vraiment que ce n'est pas réglé ?

— Clair comme de l'eau de roche. Aussi évident qu'il neige en hiver. Tous les trois vous êtes encore victimes de votre enfance. Tu as de la colère par rapport à ton plus jeune frère, et lui envers toi. Vous êtes liés par la colère chacun de votre côté.

— Je vais en discuter en thérapie, je vais aller voir si tu as raison. Je pense que j'ai fait le travail que j'avais à faire, mais je vais quand même voir.

— Tout ce que je te dis, c'est que j'ai ses coordonnées.

Toutes mes suggestions sont restées lettre morte. Je n'en ai jamais plus entendu parler. De toute façon, qui suis-je pour me mêler de la vie des autres ? J'ai dit ce que j'avais à dire, c'est ma partie personnelle. Le reste, je n'y peux rien, et je dois respecter la façon de faire de ma mère. C'est son parcours, son destin. J'aimerais bien la sauver, sauver le monde tant qu'à faire, mais je dois me rappeler quotidiennement que ce n'est pas ma responsabilité. Disons que ce n'est pas le lâcher-prise le plus facile quand il y a la mort qui lorgne autour.

Pour le reste, l'année 2010 va commencer dans quelques jours. Ma résolution ? Avoir le courage d'être honnête avec moi-même, me regarder en face et, surtout, arrêter de faire semblant que tout va bien pour épargner les autres. Le clown de service range son nez rouge. La petite fille de cinq ans qui a décidé d'être parfaite pour se faire aimer, pour ne pas être abandonnée dans le divorce de ses parents, commence à grandir. L'harmonie à tout prix ? Pas au détriment de ma santé. Si je dois donner des leçons de vie à ma mère, mieux vaut faire moi-même preuve de courage.

19

— Mesdames et messieurs, Marie-Claude Savard!

Dieu que ça fait du bien de se sentir en vie. D'avoir le trac pour autre chose qu'un résultat de scan. C'est la première de *La Série Montréal-Québec* à l'Auditorium de Verdun. Il y a sept mille spectateurs dans les gradins et plus d'un million devant la télé. Je m'avance sur la glace pour ouvrir le bal. Tout est scénarisé à la lettre, je n'ai que des présentations à faire, mais je suis tellement contente de me retrouver enfin. Ma vie prend vraiment tout son sens quand je fais mon travail. C'est inexplicable comme sentiment, mais quand la lumière rouge s'allume et que j'ai un *cue*, c'est comme si toutes les embûches, tous mes traits de caractère un peu bizarres trouvent une valeur à mes yeux et que toute ma personnalité est faite pour performer. Quand je suis devant la caméra, tout a un sens pour moi. Il n'y a plus de doute, plus d'angoisse, que le sentiment d'être complètement concentrée sur le moment, au bon endroit dans ma vie, en communion complète avec moi-même et ceux qui m'écoutent.

Ma mère est assise dans les gradins et ça me fait plaisir qu'elle soit là. Peu importe la longueur du chemin qu'il nous reste à faire, nous avons parcouru la distance ensemble. Je sais qu'elle est de plus en plus fatiguée et épuisée par la maladie et que, même si elle ne le dit pas, elle a passé plus de temps à apprivoiser la mort depuis Noël qu'à tenter de se guérir. C'est correct. De mon côté, les émotions sont beaucoup moins à fleur de peau. Je sais que je vais survivre à tout ça et que je vais me retrouver de l'autre côté. Le fait d'avoir la possibilité de me réaliser dans mon métier me permet de voir ce qui va m'aider après sa mort. Je me demande juste quand elle partira, et surtout comment. Mes seules craintes sont la douleur et le temps. Je lui souhaite un départ rapide, dans la dignité. Je sais également que, lorsqu'elle me voit réaliser mes rêves, elle se rend compte qu'elle ne m'abandonne pas dans la misère. Elle sait que j'ai tous les outils pour être heureuse dans ma vie.

En même temps, je suis moi aussi usée et épuisée par les derniers mois et, honnêtement, il y a une partie de moi qui souhaite en finir. Savoir que la grosse douleur pend sans cesse au-dessus de ma tête me rend irritable. Je veux vivre autrement, en fait je commence à en avoir cruellement besoin. Jamais je ne l'avouerais, mais des fois je me dis : « Qu'on en finisse. » Chaque fois que je le pense, dans la minute qui suit j'ai un sentiment de panique. Et si c'est trop dur ? Et si c'est trop douloureux ? Et les regrets ?

L'aspect positif de vivre des moments si intenses dans ma vie personnelle est que le reste autour devient un grain de sel. Les critiques de la première de *La Série* sont mitigées ? L'émission était trop longue ? Bof. Il y en a vraiment pour qui c'est ça, le stress ? Mettons que, quand on gère des questions de vie ou de mort chaque jour, le monde de la télé devient bien amusant.

20

9 mars 2010

— Je ne me sens pas bien, Marie-Claude, viendrais-tu à la maison?

Je raccroche et rapidement je me retrouve de l'autre côté de la rue, chez ma mère. Elle est pliée en deux sur son sofa.

— Qu'est-ce qui se passe?

— J'ai mal exactement au même endroit que lorsque je suis entrée à l'hôpital il y a un an et demi. Juste où il y a la cicatrice de mon opération.

— Tu as toujours eu mal là, il me semble?

— Oui, mais là, ce n'est pas pareil. Et je ne peux plus me coucher sur le dos, j'étouffe. Je pense que j'ai encore du liquide dans les poumons. Je ne veux pas aller à l'urgence et mon médecin n'est pas là aujourd'hui.

— Je vais appeler l'infirmière et on va aller au département d'oncologie.

À 11 heures, nous sommes en route vers l'hôpital pour voir un autre médecin en consultation. Ma mère avait passé un scan deux semaines auparavant, mais nous n'avions pas encore eu de résultats.

À 16 heures, elle est finalement admise dans une chambre. Je dois retourner à la maison chercher son oreiller, ses affaires de toilette et ses effets personnels. Le médecin n'a pas voulu nous donner trop de détails sur les résultats du scan. Le médecin traitant de ma mère va la voir plus tard dans la semaine. Chose certaine, ils doivent lui retirer de l'eau des poumons et faire des examens plus poussés. Heureusement, le match de *La Série Montréal-Québec* est à Montréal en fin de semaine. Ma mère a quand même l'air en forme. La chimio en comprimés lui donne du fil à retordre, effets secondaires et tout, et elle a commencé à prendre des antidouleurs pour sa poitrine, mais on est loin de la femme à l'article de la mort dans son lit d'hôpital d'octobre 2008, alors je ne panique pas. Il me faut cependant annuler des engagements de travail pour passer tout mon temps à l'hôpital. Je sais maintenant qu'on ne peut pas laisser un membre de la famille trop longtemps livré à lui-même en milieu hospitalier.

Étonnamment, je ne suis pas très stressée. Je suis un peu engourdie. Je fonctionne sur le pilote automatique, sans trop d'émotion. Elle est hospitalisée, je sais quoi faire maintenant, quelles questions poser quand le médecin va passer, je suis en terrain connu. Je comprends aussi mieux sa maladie.

— Madame Myrand, puisque vous allez relativement bien aujourd'hui, voulez-vous visiter l'aile de soins palliatifs ?

C'est Lucie, l'infirmière pivot de ma mère à l'Hôpital juif, qui arrive vers nous avec cette question en apparence anodine par un mercredi après-midi. Le vendredi suivant, dans deux jours, je pars à Québec pour la dernière émission de *La Série Montréal-Québec*. Ma mère est de plus en plus marabout, mais c'est parce qu'elle déteste l'hôpital et que ça fait une semaine et demie qu'elle y est. On lui a encore une fois inséré des tubes dans le dos pour retirer l'eau qui se trouve dans l'enveloppe de ses poumons. Elle ne peut pas sortir tant que le liquide n'a pas arrêté de couler. Pour le moment, son corps en produit une trop grande quantité chaque jour. Tout ce qu'elle veut, c'est sortir, sortir, sortir.

Les soins palliatifs… Ils savent quelque chose que je ne sais pas. En fait, je le sais. Qui dit production de liquide dit tumeur active, et si la tumeur est encore active après toute la chimio qu'elle vient de terminer, disons que ça ne va pas bien. J'imagine qu'elle le sait aussi.

— Non, Lucie, j'irai aux soins palliatifs un autre jour.

Lucie sort et le silence règne dans la chambre.

— As-tu peur des soins palliatifs?

— Je ne sais pas. Je veux juste m'en aller d'ici.

Dans la même chambre, il y a deux autres patients et, derrière un des rideaux, il y a un homme qui se meurt. Toute sa famille est à ses côtés, et il gémit entre les pleurs de ses proches. Disons que c'est pas mal intense.

— Je ne comprends pas pourquoi il est ici avec nous, le monsieur. Il gémit toute la nuit, des fois il se réveille en sursaut et il hurle. De toute évidence, il est mourant. Pourquoi ne pas le mettre seul dans une chambre pour que sa famille puisse rester avec lui? Je trouve ça indigne.

— Je ne sais pas, peut-être qu'il n'y a plus de place. Ils sont habitués à gérer la mort ici, j'imagine que pour eux, c'est normal.

— Ce n'est pas très respectueux pour les autres.

— En même temps, c'est ça, la mort. On va tous y passer. Est-ce qu'il se rend vraiment compte de ce qui se passe ? J'en doute. J'imagine que c'est pire de penser à la mort quand on est en pleine forme que de la vivre pour vrai. Il est sous morphine et médicaments, il n'est pas tout à fait conscient.

— C'est sûr.

— Je pense que, quand tu vas arriver là, tu seras prête et, avec tous les médicaments, non seulement tu n'auras pas de douleurs atroces, mais tu lâcheras prise tranquillement. Ce sont des pros, maman, ils savent ce qu'ils font.

— À regarder ce qui se passe là, je n'en suis pas si sûre.

— Il s'accroche, le monsieur. C'est comme ça qu'il a choisi de partir. Je ne connais pas son histoire, mais c'est clair qu'il s'accroche. Chaque personne est différente. J'ai l'impression que tu as arrêté de t'accrocher il y a un bon moment. Logiquement, ce sera différent pour toi.

Silence.

— Es-tu prête, maman ? Dis-le-moi si tu es prête. Je suis capable de l'entendre. Je suis forte. Je suis solide. Je serai là. Je comprends. Je ne te demanderai pas de souffrir juste pour moi. Tu ne m'abandonnes pas. Pense à toi.

Ma mère pleure doucement. Je la prends dans mes bras.

— C'est correct, maman. C'est correct. Ne t'en fais pas, ça va bien se passer. Nous allons passer à travers ensemble. Je serai là pour toi. Tu n'es pas seule. Laisse-toi aller. Tu as eu beaucoup de souffrances. Tu es courageuse. Je t'admire, maman.

— Je me suis toujours sentie inadéquate par rapport à toi. Comme si je te décevais tout le temps en tant que mère ou que femme. Comme si je n'étais pas à la hauteur d'avoir une fille comme toi.

— C'est toi qui m'as fabriquée, maman. Je viens de toi. Je suis une partie de toi. Je t'aime. Je t'ai pardonné, j'espère que tu me pardonnes aussi. De toute façon, ça n'a plus d'importance, c'est fini. C'est fini tout ça. Aujourd'hui, on est ici ensemble toutes les deux. Point final.

J'ai l'impression de flotter à l'extérieur de mon corps. Comme si j'étais portée par un plan d'énergie qui me permet de rester totalement en contrôle, voire en surface des événements pour tenir le rôle que j'ai à tenir. Parfois, je me demande même si c'est normal d'être aussi peu émotive. J'avance sans réfléchir. Travail, hôpital, dodo, lavage, c'est ça ma vie et je ne fais que les gestes, un pas à la fois, comme dans un rêve.

21 mars 2010

— Viens me chercher, Marie-Claude. J'ai peur qu'ils me charcutent. Ils ne me disent pas la vérité. Les médecins me mentent. Ils veulent m'opérer à nouveau et me mettre un sac. Je ne veux pas de sac. Je ne veux pas me faire opérer.

Il est 6 heures du matin. Je suis au Château Bonne Entente, à Québec. Ce soir, c'est le dernier match de *La Série Montréal-Québec*.

— Calme-toi, respire. Je comprends que tu es paniquée. Qu'est-ce qui s'est passé ?

— Le médecin de garde est venu me voir hier soir et il m'a dit que je pourrais sortir bientôt à condition qu'on me mette un sac extérieur pour recueillir l'eau de mes poumons. Je ne veux plus de tubes qui sortent de mon corps, je ne veux pas de sac comme Charlotte.

Charlotte, c'est la mère de ma mère, qui a terminé sa vie sans vessie, avec un sac extérieur pour ses besoins liquides.

— Premièrement, à ce que je sache tu as toujours ta vessie, alors ce n'est pas comme grand-maman. Ils t'ont enlevé la vessie cette nuit sans que tu t'en rendes compte ? Es-tu en train de devenir sénile ?

Je ris un peu et ma mère a l'air de se calmer.

— Reprenons le fil de l'histoire à partir du début. Qui est ce médecin et quand est-il venu te parler ?

— C'est le médecin de garde, je ne sais plus son nom et il est venu hier soir.

— Première chose, il aurait fallu me le dire hier soir, mais peu importe. Je vais téléphoner au poste des infirmières. Je vais parler à ton équipe médicale et ensuite je te rappelle. Je suis sur le dossier, calme-toi. Personne ne va te faire quelque chose que tu ne veux pas.

— Je ne veux plus me faire opérer.

C'est le dernier match de *La Série Montréal-Québec* ce soir au Colisée. Je suis nerveuse et triste en même temps de voir l'aventure se terminer. Je suis fatiguée d'avoir combiné *Salut Bonjour* et *La Série* pendant dix semaines en faisant l'aller-retour Montréal-Québec une vingtaine de fois. Mes batteries sont à plat et mes émotions au neutre. Vive les mécanismes de survie !

— Ne vous en faites pas, madame Savard, elle ne sera pas opérée contre son gré. Je crois que votre mère a mal compris. Il est possible que nous lui mettions une ligne pour faciliter les prises de sang avant qu'elle sorte. Si tout va bien, elle sortira cette semaine.

— Son état général ?

— Nous en sommes à la gestion de la douleur. Elle doit prendre des médicaments et il faut trouver la bonne combinaison.

— Qu'est-ce qui lui fait mal ?

— La pression dans ses poumons. Il se peut qu'elle doive revenir en clinique externe pour un autre drainage.

— Et la tumeur ?

— Il faudra en parler avec son oncologue à son retour de Toronto.

— Donc sortie possible cette semaine ?

— C'est ce qu'on vise.

— Je ne sais pas ce qui s'est passé hier soir, mais sachez qu'aucune procédure, aucune décision médicale la concernant ne peut être prise sans mon accord. Je vous le dis directement et je m'attends à ce que vous respectiez cette façon de faire, quelle que soit l'urgence de la situation. J'ai mon cellulaire sur moi en tout temps.

Tout ce que je veux, c'est sauter dans ma voiture pour aller là-bas. Il me faudra attendre 23 heures et la fin du dernier match de *La Série*. Je croise les doigts pour qu'on ne se rende pas en tirs de barrage. Ce soir, il y a beaucoup de texte à apprendre. Pas de télésouffleur au Colisée et, même si habituellement je n'en ai pas besoin, là j'en prendrais un. Je ne me souviens plus des noms des joueurs ni des commanditaires. Quand je m'assois pour apprendre mon texte, la concentration n'est pas au rendez-vous. Je ne me sens pas solide et rien ne sert d'en parler, tout le monde est stressé quand il s'agit de faire un show en direct, surtout que Québec mène 4-3 et que tout est possible ce soir, il y a mille et un scénarios à prévoir, pas besoin de savoir que l'animatrice n'est pas dans son assiette.

À dix minutes du début de l'émission, je fais les cent pas dans le corridor du Colisée. Je n'ai le goût de parler à personne. Je vais me rendre jusqu'au bout, un bloc à la fois, minute par minute jusqu'à ce que je puisse rentrer à la maison.

Cinq minutes avant d'aller en ondes, le téléphone sonne.

— Marie-Claude, il faut que tu viennes à l'hôpital, ils recommencent avec leur histoire de sac.

— Passe-moi le médecin.

— Il est parti.

— J'appelle au poste des infirmières, je te rappelle.

Marie-Claude, il faudrait que tu te places, on est en ondes dans trois minutes.

— Bonjour, ici Marie-Claude Savard, la fille de Louise Myrand, est-ce que le médecin est passé la voir ce soir ?

— Il y a quelques minutes.

— Est-ce qu'il est question d'opération ?

— Pas que je sache, il faudrait que je demande au médecin de vous rappeler.

— Vous avez mes coordonnées, j'attends de ses nouvelles rapidement.

Marie-Claude, attention, dans une minute.

Heureusement, la première partie de mon animation est assez simple. Mot de bienvenue, présentation de Guy Lafleur, on envoie Loco Locass pour l'hymne national. Pas besoin de mon cerveau. Une chance.

Une fois la première période entamée, je me remets sur le téléphone. Faut que j'écoute quand même le match parce que j'ai une analyse à faire avec un invité entre la première et la deuxième période.

— Madame Savard, je suis le médecin de garde.

— C'est quoi cette histoire d'opération ?

— C'est pour la ligne qu'on veut lui installer pour faciliter les prises de sang.

— Elle a traversé deux cycles intenses de chimiothérapie sans ligne d'accès à ses veines. Elle ne veut plus se faire opérer.

— Mais c'est une simple procédure.

— Elle ne veut plus se faire toucher pour le moment. Pas de procédure et, de grâce, arrêtez de lui parler de ça, elle panique chaque fois. Je suis sa fille, passez par moi quand vous avez ce genre de choses à discuter. Elle prend des médicaments et supporte mal les hospitalisations. Je suis à Québec ce soir, je serai là demain matin à la première heure, et nous pourrons parler de tout ça. Je ne veux en aucun cas qu'il y ait une procédure sans ma présence et sans mon consentement. Je serai à l'hôpital à 6 heures demain matin, si j'apprends qu'il s'est passé quoi que ce soit sans qu'on m'en ait avisée, je vais crier haut et fort. On se comprend?

— Ne vous inquiétez pas.

NE VOUS INQUIÉTEZ PAS! Elle est bonne, celle-là. Je suis inquiète, je suis en colère. De toute évidence, ma mère ne va pas bien dans son corps et dans sa tête. Les médicaments la rendent craintive. Elle a l'impression de ne pas être lucide. Elle ne l'est peut-être pas non plus. Le message derrière «Je ne veux plus d'opération», c'est «J'en ai assez de me battre». Donc, elle s'en va bientôt. J'ai peur. En même temps, j'en ai assez. Mon corps et ma tête ne peuvent plus gérer ce stress. Je suis au bout du rouleau.

— Et le joueur du match du côté de Québec est Ken Arseneault!

Le match est terminé, Québec a remporté la série. Je ne sais pas comment, mais j'ai réussi à me rendre au bout de mon animation. Enfin presque. Reste des prix à remettre et j'ai sans cesse des trous de mémoire. C'est quoi le nom de l'hôtel qui offre un voyage aux joueurs ayant eu le meilleur esprit d'équipe? Aucune idée. J'invente quelque chose. Le commanditaire n'est pas content? Tant pis. Je fais ce que je peux.

27 mars 2010

— Je suis désolée de t'avoir fait paniquer.

— À moins d'une urgence absolue, ce serait bien à l'avenir de contenir les crises jusqu'à ce que j'aie pu finir de travailler.

— Je sais, je suis désolée. Comment ça s'est passé, la dernière émission ?

COMMENT ÇA S'EST PASSÉ ? Tu m'as fait paniquer à quelques secondes du commencement de l'émission après m'avoir fait vivre une journée d'enfer à culpabiliser. J'ai dormi quatre heures après avoir fait la route pour me rendre compte que tout va bien ici et que personne ne voulait te forcer à faire quoi que ce soit. Quand je suis arrivée, tu regardais la dernière saison de *Mad Men* sur mon portable et la vie était belle !

— Disons, maman, que je m'en suis sortie, mais j'aimerais sérieusement éviter un autre épisode du même genre. C'est dramatique tout cela, je comprends que tu puisses vivre de la détresse, j'en vis moi-même aussi, mais il faut que tu apprennes à en gérer un peu de ton côté avant de lancer tout dans ma cour dans des moments comme ceux-là.

Ma mère baisse les yeux, courbe le dos et me dit :

— Désolée de t'avoir dérangée.

Je vais péter un plomb. Je suis vraiment sur le bord de la crise de nerfs, là.

— Allez, on oublie ça. La bonne nouvelle, c'est que tu sors aujourd'hui ! Pas de ligne, pas de procédure. Comment tu te sens ?

— J'ai encore mal à la poitrine.

— Il va falloir arriver à doser les antidouleurs, mais selon les médecins, une fois que ce sera fait, tu pourras vivre normalement.

— Mais il y a des effets secondaires aux antidouleurs.

— Une chose à la fois.

Ça commence à être lourd. En même temps, je me sens coupable d'être aussi exaspérée. Ce n'est pas moi qui suis dans sa situation, et Dieu sait comment je réagirais. Il y a un combat constant dans ma tête entre la colère, l'exaspération, la compréhension et la culpabilité. Et la fatigue… Les mois de stress constant ont grugé mes ressources les plus profondes, moi qui suis habituellement difficile à mettre complètement à plat. *Salut Bonjour* me bouffe toute mon énergie vitale et, après, ma deuxième journée d'aidante naturelle commence et, quand ma mère sera chez elle, ce sera encore plus de responsabilités. Au moins, je n'aurai plus à passer mes journées à l'hôpital, je pourrai manger mieux et faire une sieste de temps à autre. Ce sera toujours ça de pris.

2 avril 2010
Il est 22 heures, vendredi soir, Vendredi saint en fait. Pour la première fois depuis onze semaines, mon chum et moi sommes sortis au restaurant tous les deux. Nous avons bien mangé, il n'a pas été question de maladie ni de mort, mais il y a un énorme fossé plein de non-dits entre nous. C'est quand même mieux que de manger de la soupe froide à côté d'un lit d'hôpital. Nous rentrons à la maison et je me dis que, tranquillement, je vais retrouver un semblant de vie et d'équilibre. Lundi, c'est Pâques, je suis en congé. Un week-end de trois jours, sans travail, et ma mère n'est pas à l'hôpital.

Dès que je franchis la porte d'entrée, le téléphone sonne.

— Marie-Claude, viens tout de suite, je ne me sens pas bien, il faut que j'aille à l'urgence.

Mon chum me regarde et il sait. Je traverse en courant pendant qu'il démarre la voiture et la gare devant la porte du condo de ma mère. Elle est assise sur son sofa, pliée en deux de douleur. Elle a le front chaud et sa respiration est bruyante. Son cœur bat la chamade.

— Peux-tu marcher?

— Je pense que oui

De peine et de misère, je la guide vers la voiture. Elle a le regard vitreux. Elle est incapable d'appuyer son dos sur le siège.

Une fois à l'urgence, il faut attendre deux heures avant qu'elle soit examinée.

— Vous avez probablement eu une réaction aux antidouleurs. Nous allons essayer un autre médicament, madame Myrand. Ça devrait vous soulager et enlever les nausées et les étourdissements.

Vers 3 heures du matin, elle semble aller mieux.

— Madame Myrand, on va vous laisser sortir avec une nouvelle ordonnance d'antidouleurs.

À 4 heures du matin, je suis à la pharmacie sur Côte-des-Neiges pour obtenir les médicaments dont ma mère a besoin. Il faudra superviser sa prise de comprimés de près pour qu'elle ne se retrouve pas encore en crise de douleur. Mais qu'est-ce qui peut bien lui faire si mal? La tumeur? Pourtant, ça n'a jamais été la tumeur qui lui a causé de la douleur, c'est ce que la tumeur faisait dans son corps. Les effets secondaires? Il est où, donc, l'oncologue? Il me semble qu'il me manque des infos. Est-ce que c'est le début de la fin? Si oui, pourquoi n'est-elle pas en soins palliatifs ? Je crois que j'aurais besoin de conseils. Je ne me sens pas très bien outillée en ce moment. J'ai beau lire sur Internet, je n'ai pas de réponses.

Le lendemain, le soleil est magnifique. Il fait chaud, 16 °C, et on dirait que, tout d'un coup, l'espoir revient. Ma mère décide de sortir s'allonger dehors sur la chaise longue, dans ma cour. Je la regarde par la fenêtre en lui cuisinant des plats et je me dis que je suis chanceuse. Le printemps arrive, il annonce un autre été en famille. On pourra peut-être jardiner un peu et, quand on aura trouvé la bonne combinaison de médicaments, on pourra encore avoir quelques mois de bonheur. Je vais prendre plusieurs semaines de congé cet été pour en profiter. Je veux me reposer, me refaire une santé mentale et physique, et surtout profiter de chaque moment avec elle.

4 avril 2010

Le téléphone sonne à 5 heures du matin. Je me réveille en sursaut.

— Allô ?

— Viens me chercher, Marie-Claude, je ne peux plus marcher, il faut que j'aille à l'hôpital.

En raccrochant, je m'effondre.

— Elle ne va pas ?

— Non, et je n'en peux plus. Je suis au bout du rouleau. Je ne peux plus vivre comme ça. Je ne peux plus. Ça ne peut pas continuer, je vais y laisser ma peau.

— Arrête de penser à ça, ça ne sert à rien. Fais ce que tu as à faire, tu n'as pas le choix.

Je traverse la rue en pyjama et robe de chambre. Quand j'arrive chez ma mère, ça sent mauvais. Ça sent le renfermé, ça sent la maladie. Il y a des pilules partout sur le comptoir. Ma mère est encore pliée en deux sur son sofa, mais cette fois je vois tout de suite que c'est une urgence majeure.

— Peux-tu marcher, te lever ?

— Non.

— Alors, maman, il faut que j'appelle l'ambulance.

— Attends, je ne veux pas partir en ambulance en pyjama, je veux que tu m'aides à m'habiller.

— Je vais appeler et ensuite on verra pour le pyjama. Ça va leur prendre au moins dix minutes, alors on aura le temps, d'accord ?

Moi aussi, j'ai le cœur qui bat à tout rompre. Une chance que l'adrénaline me permette non seulement de voir clair, de penser adéquatement, mais aussi étrangement de rester calme. Je me sens exactement dans le même état que quand j'ai trouvé mon père mort. Présente, mais pas tout à fait. Comme un robot dans un rêve.

Je trouve le moyen d'habiller ma mère à son goût, de ramasser les médicaments et de les mettre dans un sac. De faire un sac de voyage avec ses effets personnels et son oreiller. Je commence à avoir une expertise dans le drame médical.

Les infirmiers arrivent douze minutes plus tard.

— Ah bonjour, c'est vous la fille des sports ?

— Oui, voici ma mère, voici ses médicaments. Elle a un cancer du poumon en phase terminale. Elle est sortie de l'hôpital il y a quelques jours, elle était de passage à l'urgence avant-hier pour un problème d'antidouleurs. Elle a des palpitations, a déjà eu des problèmes cardiaques au début de sa maladie, de l'eau dans le péricarde. Elle pense avoir une réaction aux médicaments. On s'en va à l'Hôpital juif.

— Parfait, madame, on s'en occupe.

— Maman, je vais aller m'habiller. Je prends ma voiture et je te rejoins là-bas avec tes affaires. Est-ce que tu es correcte pour te rendre en ambulance toute seule ?

Elle hoche la tête.

En la voyant sortir de son condo sur la civière, j'ai un étrange sentiment. C'est vraiment le début de la fin. Combien de temps la fin va-t-elle durer ? Deux semaines, trois mois ?

— Il n'y a plus grand-chose que je puisse faire pour votre mère.

Je réussis finalement à voir l'oncologue dans le corridor de l'urgence.

— Si elle veut encore des traitements, je vais les lui donner, mais à mon avis ça ne sert à rien.

— Expliquez-moi, parce que c'est la première nouvelle que j'en ai. Elle a été à l'hôpital pendant presque deux semaines et je n'ai eu cette conversation avec aucun médecin. Disons que j'ai l'impression d'être en retard sur la nouvelle.

— Les résultats de son dernier scan montrent que la tumeur a augmenté. Son cœur est attaqué.

— Ça veut dire quoi ?

— Je ne sais pas exactement comment ça va progresser, mais il n'y a plus grand-chose que je puisse faire pour ralentir la tumeur.

— Alors on parle de soins palliatifs ?

— Probablement. Je vais parler avec Lucie, son infirmière, et elle viendra vous voir.

Bon.

Tumeur. Cœur.

J'aimerais bien pouvoir discuter avec quelqu'un, le dire à un membre de la famille et ensuite essayer de comprendre et de prendre les décisions qui s'imposent. Il n'y a personne, mon chum travaille aujourd'hui, il y a une catastrophe quelque part dans le monde et LCN a besoin de son producteur. De toute façon, il ne pourrait rien faire ici. Tant mieux s'il peut s'épargner l'urgence. Mon conjoint a perdu sa mère il y a vingt ans, il a eu sa dose de drame, de deuil et d'hôpital. C'est un frère ou une sœur que j'aimerais avoir aujourd'hui. Est-ce que je devrais appeler ses frères ? L'aîné est à Vancouver, que peut-il faire ? L'autre est absent de nos vies depuis des années. Ce serait trop compliqué. Ses amies ? Elle ne voudrait pas que quiconque la voie dans cet état. Ce n'est pas la place des amies. Bon ben, c'est nous deux encore, à la vie à la mort, c'est le cas de le dire.

— Nous devons opérer votre mère, madame Savard.

C'est le médecin de garde à l'urgence qui me parle dans le corridor.

— Opérer ma mère ? Vous me prenez un peu par surprise, là.

— Il y a du liquide dans l'enveloppe de son cœur, si on n'allège pas la pression maintenant, j'ai bien peur que son cœur cède.

— Elle a un cancer du poumon en phase terminale.

— Je sais, mais nous, notre travail, c'est de traiter ce qui se présente, et là, son rythme cardiaque est alarmant. Il faut bouger. J'ai un cardiologue qui est présent ici maintenant, il est prêt à intervenir.

— Donnez-moi quinze minutes.

Je retourne près de ma mère.

— Maman, il y a du liquide dans l'enveloppe de ton cœur.

— Je sais, je le sens.

— Il faudrait opérer à nouveau.

Silence.

— Maman, est-ce que tu veux te faire opérer maintenant?

— Je ne sais pas. Qu'est-ce que tu en penses?

— Je ne peux pas prendre ce genre de décision pour toi. Il faut agir, maman, est-ce que tu veux te faire opérer maintenant?

— Je ne sais pas.

— Qu'est-ce que ton instinct te dit?

— Je n'ai plus d'instinct, Marie-Claude, je suis épuisée. J'ai mal. Je ne veux plus avoir mal.

— Regarde-moi, maman, droit dans les yeux: est-ce que c'est terminé?

— Je ne sais pas.

— En as-tu assez? Est-ce qu'on est au bout de notre route?

— Je sais plus, je sais plus, j'ai mal.

— Madame Savard, il faut prendre une décision.

Le médecin vient de franchir le rideau, il me regarde, ma mère me regarde.

— Docteur, j'aimerais vous parler à l'extérieur. Maman, je vais chercher des informations et je reviens, d'accord?

Elle me fait un signe de la tête.

— Si vous ne l'opérez pas ce soir, est-ce qu'elle passe la nuit ?

— Possible.

— Donnez-le-moi en pourcentage de chances, s'il vous plaît.

— Je ne peux pas juger. Je pense qu'elle va passer la nuit, mais je ne sais pas si j'aurai quelqu'un pour opérer demain. Ce sera lundi de Pâques et il y a une fête juive aussi. Là, j'ai quelqu'un.

— Si c'était votre mère ?

— Je la ferais opérer tout de suite.

— La tumeur a atteint son cœur. Elle ne veut pas d'acharnement thérapeutique. De toute façon, ses jours sont comptés. Est-ce qu'on parle d'acharnement thérapeutique ici ?

— Mon travail à moi, c'est de la garder en vie.

Silence. J'entends l'aiguille des secondes avancer sur l'horloge. Tic, tac…

— Alors, voici ce que nous allons faire : il n'y aura pas d'opération ce soir. Demain, son oncologue doit passer la voir vers 7 heures. Nous aurons une discussion à la lumière des derniers résultats. Elle aura un portrait d'ensemble de son état, moi aussi, et nous prendrons une décision. C'est mon verdict final.

— Je comprends.

De retour dans l'unité des soins intensifs de l'urgence, ma mère semble soulagée quand je lui annonce qu'il n'y aura pas d'opération. On s'entend toutes les deux sur la marche à suivre. Elle veut savoir quelle sera sa qualité de vie postopératoire avant de choisir. Disons que ça semble logique sur le coup.

Il est 22 heures.

— Rentre chez toi, tu es fatiguée. Ils vont me donner un médicament pour dormir. Va dormir, toi aussi.

— Tu es certaine ?

— Mais oui. On se voit demain matin avec l'oncologue.

— Je serai ici à 6 heures.

— Je t'aime.

— Moi aussi.

5 avril 2010

Malgré tout le stress et l'angoisse, je suis tombée comme une brique dans mon lit. À 3 h 45 précises, je me réveille en sursaut, le cœur dans la gorge. 3 h 45. Il n'y a pas de *Salut Bonjour* ce matin. Je peux me rendormir. C'est pourtant impossible. Je suis clouée dans mon lit, atteinte d'un sentiment envahissant de panique. Mieux vaut me lever.

4 h 01

Le téléphone sonne.

— Madame Savard, nous avons besoin de vous à l'urgence.

Je me tourne vers mon chum.

— Je m'en vais à l'hôpital.

— Attends, j'arrive.

— Je n'ai pas le temps.

— Tu ne peux pas conduire. Attends.

— Je n'ai plus de temps, il n'y a plus de temps.

Je pars seule. Le trajet me paraît complètement surréaliste. Je suis incapable de parler. La douleur est physique. Je sais ce qui s'en vient. Je sais. J'aurais dû la faire opérer. Je ne suis pas prête. J'ai peur. Je ne suis pas prête. J'ai mal. Je ne veux pas, comment ai-je pu penser que j'étais prête, que c'était correct… Comment ai-je pu philosopher avec elle sur la vie et la mort ? Je ne veux pas perdre ma mère. Je ne suis pas prête.

J'arrive à l'urgence en trombe, je passe tout droit devant son cubicule. Paniquée, je demande où est ma mère. Arrivée devant elle, je la vois en crise. Le dos de son lit relevé, les machines qui sonnent et ses yeux en panique. Je sais qu'elle est consciente. Je me précipite vers elle, je la prends dans mes bras.

— Je t'aime, maman, je suis là, je suis là, je t'aime, tu n'es pas seule. Je suis là. Je t'aime.

— Je sais.

— Maman, tu as été une bonne mère, tu as été une bonne mère, je suis fière d'être ta fille. Je t'aime.

— Je sais.

— Ne t'en fais pas, je suis là. Je ne te laisserai pas seule, je t'accompagne, tu n'es pas seule.

Au même moment, les infirmiers roulent son lit vers une chambre fermée. On lui administre une dose de morphine et elle se calme. Je lui tiens la main tout le long du trajet. Il est 4 h 36 du matin.

C'était notre dernière conversation.

Elle est restée inconsciente jusqu'à 12 h 30 quand son cœur s'est arrêté de battre. Je n'ai jamais lâché sa main. Je suis restée clouée à ses côtés pendant huit heures et je l'ai sentie partir peu à peu. J'ai pleuré, je lui ai parlé. Nous avions la chance d'être seules toutes les deux dans un endroit fermé à l'urgence. J'ai éteint les lumières. Christian a fait lui aussi ses adieux, mais il a respecté le besoin que j'avais d'être seule. Il était parti me chercher quelque chose à manger quand elle a rendu son dernier souffle. Je suis restée à lui tenir la main quelques minutes avant de sortir de la pièce et de marcher lentement vers le bureau des infirmières.

— *Number 8 has passed.*

Ce sont les mots exacts que j'ai prononcés. Elle était dans la chambre numéro 8.

Troisième partie

La reconstruction

LES ADIEUX

Le service de ma mère était à son image. Sobre et discret. Elle ne m'a pas laissé de testament, mais elle savait que je saurais quoi faire. Il y avait des fleurs et encore des fleurs. Des chandelles aussi et un groupe de femmes extraordinaires et courageuses qui lui ont rendu un vibrant hommage.

Ses deux frères étaient présents. Après une longue réflexion, je les ai finalement appelés pour leur annoncer sa mort. Son frère aîné est arrivé de Vancouver la veille des funérailles. Nous avons eu l'occasion de parler ensemble des histoires de famille. Il a trouvé sa façon à lui de gérer le passé. Il semble relativement bien. Je lui ai dit qu'elle aurait souhaité le voir avant sa mort. À quoi bon épargner les gens ? Je sais qu'il a difficilement vécu le deuil. Le plus jeune frère de ma mère est resté distant. Nous avons échangé quelques paroles. Il a du ressentiment envers moi, c'est clair. Je lui ai volé sa grande sœur ? J'ai eu du succès ? Peu importe. Ça n'a vraiment aucune importance. Le seul lien que nous avions n'existe plus. Je sais que je ne le reverrai plus jamais.

Qui suis-je ?

Après la mort de Louise, j'ai flanché. J'ai complètement perdu pied et le choc a été long à absorber. On a beau penser qu'on est prêt à laisser partir quelqu'un, ce n'est jamais tout à fait vrai. J'ai dû faire le vide pendant plusieurs mois. Le stress des émotions combiné à la surcharge de travail de *Salut Bonjour*, de *La Série Montréal-Québec* et du *Défi Santé* sont venus à bout de moi. Je pensais terminer la saison en juin, j'ai finalement dû partir en mai sur les conseils de mon médecin. J'étais vidée, perdue, les batteries complètement à plat. J'ai passé des semaines entières à ne rien faire. Je dormais dix à douze heures par nuit et je n'étais pas fonctionnelle avant midi. J'étais incapable de penser à prendre ma voiture pour aller au centre-ville. Tout était une montagne. J'ai beaucoup pleuré pendant des semaines et mon seul réconfort était de m'étendre au soleil dans mon jardin et de lire. Pas des livres de croissance personnelle, des livres de vampires, des polars, n'importe quoi pour me divertir. Je me suis jetée corps et âme dans les séries américaines que j'avais manquées au fil des années et j'ai regardé cinq saisons de *Six Feet Under* (pas très joyeux, je l'avoue), l'intégrale de *True Blood*, tous les *Mad Men* et *Entourage*. Je me suis assommée de divertissement, je suis sortie de ma propre vie pour m'investir dans celle des autres. Peu à peu, en juillet, j'ai commencé à me reconnecter avec la vie. Mon chum et moi sommes partis au bord de la mer et à Boston. J'avais encore très peu d'énergie et il fallait vraiment que j'y aille mollo sur les activités, mais ça m'a fait du bien de changer un peu d'air. Puis août est arrivé et il a fallu que je réfléchisse à mon retour au travail. Les saisons de télévision commencent à la mi-août au Québec, et une émission comme *Salut Bonjour* est tellement cruciale au succès économique de TVA qu'il fallait que je prenne une décision de carrière.

Je suis finalement rentrée à temps pour le lancement de la nouvelle programmation, persuadée que les trois mois de repos avaient été suffisants et que ma vie allait tout simplement reprendre son cours. Pendant tout ce temps, durant l'été et au début de la saison, j'avais toujours l'impression d'être à côté de mes pompes. Je ne sais pas exactement comment le décrire, mais pendant toute cette période je me sentais comme un bateau à la dérive, et en même temps j'avais un besoin maladif de tout contrôler.

Je me souviens d'une des premières journées de congé en mai. J'étais fatiguée, courbaturée, mal dans ma peau, mal dans ma tête. J'étais couchée à regarder le plafond à 11 heures du matin. Tout d'un coup je me suis levée, et avant même d'ouvrir la porte de ma chambre je me suis maquillée et coiffée! Une partie de moi se disait: «Ben voyons donc! Le bonheur dans la vie, quand on fait de la télé tous les jours, c'est de pouvoir se laisser aller pendant les jours de congé.» Moi, j'avais besoin de mettre mon «personnage», comme si c'était mon seul point de repère. Une fois maquillée et coiffée, j'ai décidé de nettoyer toutes les fenêtres de la maison. J'avais un besoin incontrôlable d'être en contrôle. C'est quand même fou, moi qui déteste le ménage. Avec le peu d'énergie que j'avais en banque et que j'avais mis douze heures de sommeil à accumuler, j'ai lavé mes vitres! Quand mon conjoint est rentré à la maison, il était choqué de me voir aller.

— Pourquoi tu ne prends pas soin de toi? Pourquoi tu ne vas pas au yoga, en thérapie au lieu de faire le travail de la femme de ménage?

J'avais envie de crier: «Parce que je ne suis pas capable de faire face à ce que je vis en dedans et que je suis écœurée de faire de la thérapie. Parce que je suis en colère contre tout et rien, parce que je ne suis pas capable de me supporter moi-même. Parce que je suis paniquée et je ne sais pas vraiment pourquoi. Parce que je ne peux pas supporter le silence et l'inaction, parce que ça me met en face de quelque chose que je ne veux pas voir. Je ne sais pas ce que c'est, mais tout mon corps se raidit rien que d'y penser.»

Évidemment, je lui ai tout simplement répondu:
— Je trouvais que les fenêtres étaient sales.

Ce qui me mettait le plus hors de moi, c'était le fait d'avoir traversé toutes ces épreuves et de me sentir encore toute croche. À quand le sentiment de paix intérieure? À quand le câl... de lâcher-prise?

Il me semble que j'en ai fait, du chemin, dans toute cette histoire avec ma mère. Est-ce qu'il y a moyen, bonté divine, d'arrêter de toujours retourner en arrière dans les blessures d'enfant ? Y a-t-il un moyen de passer à autre chose ? J'étais vraiment motivée pour continuer à avancer coûte que coûte. Je n'avais franchement plus le goût d'aller fouiller profondément en moi. Ce voyage-là, je l'avais fait trop souvent et trop longtemps, et là, j'avais envie d'être ailleurs.

Le problème, c'est que ça ne fonctionne pas comme ça.

On a beau chercher à s'étourdir, faire semblant que tout va bien, que les leçons sont apprises – et je crois que j'en ai appris, des leçons, à travers la mort de mes parents –, j'avais encore le bout de chemin le plus important à parcourir. Il fallait que je laisse aller le plus gros morceau de tous, celui qui avait conditionné ma vie depuis l'âge de cinq ans. Mais avant d'y arriver, il a fallu que ma vie devienne absolument et totalement insupportable. Comme je n'ai pas tendance à consommer des drogues ou de l'alcool, ni à développer des problèmes de comportement, c'est à travers ma vie professionnelle que je me suis retrouvée au fond du baril.

À mon retour au travail en août 2010, il était clair que mon corps n'acceptait plus de se lever à 2 heures du matin. Après un mois, je me suis mise à faire de l'insomnie, chose qui ne m'était jamais arrivée, et je suis devenue incapable de fonctionner pendant la journée. Essentiellement, je somnolais de 10 heures à 16 heures et je me rongeais les sangs dans mon lit toute la nuit. Je suis donc devenue irritable au possible, la bonne chose c'est que personne n'en payait le prix puisque j'étais seule toute la journée. J'avais l'impression d'être en prison. Rien n'allait plus.

Au même moment, la rumeur d'un projet d'émission de sport a commencé à circuler dans les couloirs de TVA. Avec l'engouement pour le retour des Nordiques et les projets de Pierre Karl Péladeau, Quebecor et donc TVA avaient soif de projets sportifs afin de préparer l'arrivée souhaitée de la chaîne TVA Sports. Je me suis alors dit que c'était une porte de sortie pour moi. J'ai décidé de faire savoir à la direction que je songeais à quitter *Salut Bonjour* pour relever de nouveaux défis. Au fil des ans, je m'étais rendu compte que je ne pouvais pas espérer quitter *Salut Bonjour* pour un autre projet étant donné qu'on ne pensait pas à moi pour des projets puisque j'étais à *Salut Bonjour*. C'est souvent comme ça en télévision, il faut être libre, donc sans emploi, pour que des offres arrivent. J'avais décidé de me mettre en danger et de quitter une grande rareté dans le monde des communications, un emploi stable et bien rémunéré.

J'ai donc annoncé à mes patrons ma décision de me retirer à la fin de la saison, en juin 2011. Je me suis sentie incroyablement libérée sur le coup, comme si mon cœur avait finalement ce qu'il souhaitait, mais peu après l'angoisse s'est emparée de moi.

Et si je venais de mettre une hache dans ma carrière ?

Et si les gens m'oubliaient ?

Et s'il n'y avait pas d'offres en juin ?

Et si je n'étais plus en mesure de gagner ma vie ?

Pendant ce temps, mon conjoint connaissait des difficultés au travail. Les horaires de salle de nouvelles sont difficiles à soutenir à long terme, dix à douze heures par jour, beaucoup de stress, beaucoup de grosses catastrophes, comme le tremblement de terre en Haïti. Il vivait lui-même une remise en question, et mon insécurité l'insécurisait. Bref, il y avait pas mal de tension un peu partout.

Peut-être parce que je passais tellement de temps seule l'après-midi, je me suis mise à perdre le contrôle sur mon angoisse. J'imaginais que je serais sûrement sans travail pendant plusieurs mois et j'ai pensé qu'il fallait que je mette les bouchées doubles pour économiser de l'argent en vue de ma survie. J'ai donc dit oui à tout ce qu'on me proposait et démarré moi-même mille et un projets en me disant que, sur dix projets, il y en aurait un qui débloquerait. Action, action, action, angoisse, angoisse, angoisse et surtout pas trop d'introspection.

Le gros coup est survenu en novembre quand j'ai lu dans *Le Journal de Montréal* que TVA lançait une émission de sport à LCN à 22 heures, une formule à la *110 %* avec Michel Villeneuve comme animateur. Après sept années à me lever à 2 heures du matin pour porter sur mes épaules les contenus sportifs disparus de l'antenne pendant dix ans et cinq trophées Artis, je ne méritais pas une chance à la barre de la première vraie émission de sport à l'antenne. Évidemment, le concept en soi ne m'allait pas du tout et je n'étais pas la bonne personne pour animer un débat de testostérone sur le hockey. Ce qui me décevait le plus, c'est que l'idée principale pour le grand retour du sport ne soit pas plus novatrice. J'aurais aimé quelque chose de plus audacieux.

Heureusement, *La Série Montréal-Québec* revenait pour une deuxième saison, le *Défi Santé* avait encore besoin de moi comme porte-parole, j'avais plusieurs projets en chantier, mais pour la première fois en quinze ans de carrière, j'ai remis en question ma place dans le monde du sport. Je savais que j'avais ma place comme journaliste crédible, mais je n'étais pas certaine de trouver chaussure à mon pied. À trente-huit ans, j'avais besoin de trouver un environnement de travail propice à mon accomplissement et, pour la première fois, j'avais des doutes sur le monde du sport comme endroit idéal pour moi. Je n'étais plus certaine de trouver un lieu pour vivre cette passion pour le sport selon mes propres termes.

Tous ces chambardements et ces déceptions professionnelles ont réveillé en moi un grand sentiment d'insécurité.

La grande question en trame de fond : QUI SUIS-JE ?

Je ne suis plus le point d'ancrage d'une famille éclatée dysfonctionnelle. Je ne suis plus le soutien de famille de mes parents. Je ne suis plus la bonne fille unique qui rend tout le monde fier. En fait, il n'y a plus d'attentes à satisfaire. Tout le monde est parti.

Dans quelques mois, je ne serai plus chroniqueuse de sport à *Salut Bonjour*, peut-être même plus journaliste de sport.

Je suis la blonde de Christian. Mais qu'avons-nous réellement ? Nous n'avons pas d'enfants, même si on dit parfois qu'on en voudrait. Mais est-ce que je veux vraiment devenir mère de famille ? L'idée m'étouffe plus qu'elle m'enthousiasme. De toute façon, on se voit seulement deux jours par semaine depuis trop longtemps, la connexion entre nous est fragile, pour ne pas dire inexistante, et on est stressés au maximum. Est-ce que c'est un environnement propice à une vie de famille ? Non.

Alors qu'est-ce que je veux VRAIMENT ?

Ce sont des questions qui semblent simples, mais quand on écarte la famille et le travail de la réponse, qu'est-ce qu'il reste ?

Le plus incroyable là-dedans, c'est que, rationnellement, je vivais une époque rare dans ma vie. Je me retrouvais sans drame, sans obligations majeures, en santé économique, capable d'avoir un peu de liberté dans mon travail. J'avais l'opportunité de prendre du recul et de m'inventer une vie à mon image. Combien de personnes ont cette possibilité à l'approche de la quarantaine ? Un deuxième départ, une nouvelle vie avec tous les privilèges associés au statut de vedette du petit écran. Non mais, c'est quand même pas de la bouillie pour les chats !

En plus, le fait d'avoir été en mesure de passer à travers les tragédies et le deuil m'avait conféré le titre de « modèle » pour bien des gens. Un exemple de résilience et d'espoir. Quand il s'agissait de parler de deuil, de mort, de maladie, de relations familiales, là, j'étais dans mon élément. Pas de problème avec ça. Mais la vie après ?

Je me suis donc mise à m'étourdir dans les projets d'avenir, si bien qu'en février 2011 j'avais l'horaire le plus chargé en ville. Je travaillais sept jours par semaine à *Salut Bonjour* et sur *La Série Montréal-Québec*, j'auditionnais pour *Le Défi des champions*, je menais à fond un projet de lutte contre le décrochage scolaire avec Vidéotron, j'animais *Boxe Rock*, j'étais coprésidente de la Charte québécoise pour une image corporelle saine et diversifiée, porte-parole du *Défi Santé 5-30 équilibre* et j'écrivais une série d'articles pour le *Dernière Heure* sur les anciens du hockey. Pas moyen d'ouvrir un magazine sans y voir ma binette, j'avais même une réplique en carton grandeur nature dans tous les IGA de la province. Juste pour être certaine d'occuper toutes les minutes de mon temps, j'avais décidé de me lancer sur Facebook et de me mettre à Twitter.

Mes vitres étaient impeccables, mon lavage fait.

J'étais complètement à côté de mes pompes, absolument et totalement perdue.

Ma bouée de sauvetage est arrivée le 3 février au restaurant *Aux Vivres*, sur le boulevard Saint-Laurent.

11 h 30

Je suis en avance pour mon lunch avec Marie Pauline, le premier depuis juillet. J'ai été bien trop occupée pour entretenir mes amitiés, et il a tout fallu pour que j'arrive à ne pas annuler notre rencontre.

Après *Salut Bonjour*, j'avais une réunion chez Productions J, ensuite un tournage de capsules pour le *Défi Santé* à leurs bureaux, et je croyais être en retard pour notre lunch à midi, mais me voilà en avance. J'ai bien performé aujourd'hui, l'émission de ce matin s'est bien déroulée, je n'ai rien manqué en termes d'actualité, j'avais bien appris mes textes pour le *Défi Santé*, bref je suis contente de savoir que j'ai rempli ma mission de Superwoman. Juste pour être certaine d'être encore plus énergique, je commande un jus tonique au gingembre. J'ai une grosse journée après mon lunch. Entrevue avec Steve Penney à 15 heures pour ma série d'articles. Je soupe avec mon chum ce soir à 21 heures et ensuite, on sort ! Vingt-quatre heures debout ? *No problemo*. Il faut ce qu'il faut.

En attendant Marie Pauline, je réponds à mes courriels sur mon iPad, elle est technologique, cette Marie-Claude, et surtout efficace en tout temps.

Midi

Marie Pauline arrive, resplendissante et souriante. Étrangement, je la trouve plus agitée que d'habitude. « Ah ben, me dis-je intérieurement, je ne suis peut-être pas la seule. » Comme on ne s'est pas vues depuis un moment, il faut prendre le temps de se raconter nos derniers mois.

Je lui dévoile mes projets, tout va bien, plein de choses dans la tête et sur la table de travail. J'ai démissionné de *Salut Bonjour*, alors bientôt j'aurai une vie normale, plus calme. Marie Pauline me dit aussi avoir travaillé plus que d'ordinaire ces derniers mois, entre ses consultations et ses cours de croissance personnelle.

— Trouves-tu que les choses vont vite, ces temps-ci ? Ça va faire un an que Louise est décédée et je n'ai pas vu le temps passer. Il me semble que c'est intense et rapide depuis un bout de temps…

— Mets-en. Je ne sais plus où donner de la tête moi-même. Je m'étais promis de consacrer le mois de janvier à mon site internet, mais j'en ai été incapable. Je reçois tellement de demandes de consultation. Je ne fournis plus toute seule et je n'ai pas le temps de travailler à mes projets. Je n'ai pas terminé mon livre, ni mon site, et je sais que les deux vont aider bien des gens. Là, je pars pour un autre voyage à Cuba avec un groupe pour des séances de thérapie. Je te dis, ça n'arrête pas une minute.

— Ben moi aussi, figure-toi donc. Si je pouvais me cloner, il y aurait encore trop de choses à faire. J'ai mal au dos, je suis stressée. Je ne me sens pas vraiment très bien pour être honnête, Marie Pauline.

— Mais qu'est-ce qui fait que tu ne te sens pas bien ?

— Je suis angoissée.

— Ah oui ? Qu'est-ce qui t'angoisse ?

— Tout et rien à la fois. Je ne sais plus où je m'en vais et j'ai peur de ne pas être en mesure de gagner ma vie. Je démissionne d'un gros poste, mon chum est stressé au travail, ça ne va pas très bien à la maison. J'ai peur de ce que l'avenir nous réserve.

— Tu en prends pas mal sur tes épaules. Le stress de ton chum, le tien. Tu aurais dû m'appeler, je pense que tu es prête pour une séance.

— Oui, mais, Marie Pauline, je suis tannée des séances. On revient toujours à la même place et il me semble que j'ai fait le travail. Ça fait vingt fois que je retourne dans mon enfance. Peut-être qu'il faut seulement que j'apprenne à vivre avec les difficultés et le stress, si ça se trouve, c'est juste ça le défi. Mais en même temps, on dirait que tout va me péter dans la face. Je ne suis plus capable de maintenir le rythme. Ça s'intensifie sans arrêt. Je suis toujours débordée, mais si je dis non, ça pourrait me coûter cher à long terme. S'il n'y a plus rien après *Salut Bonjour*, qu'est-ce que je vais faire ? Je suis toute seule dans la vie, moi.

— Ha ha ! Qu'est-ce que tu viens de dire ?

— Je suis toute seule dans ma vie. Si je tombe gravement malade demain, il n'y a personne pour ramasser ma merde. Jamais je ne voudrais placer mon chum dans une position comme celle-là. Si demain matin il m'arrive quelque chose, je suis seule. Il n'y a pas de famille pour me ramasser.

— Donc, tu fais face à ta solitude.

— Ouais… mais je suis foncièrement solitaire. On dirait que ce n'est pas vraiment ça qui me dérange. Je sais que bien des gens ont de la famille, mais ça ne veut pas dire qu'ils ne sont pas seuls. La famille, parfois, c'est plus de trouble qu'autre chose, et je sais que dans le fond on est toujours seul au monde. Je suis capable de vivre avec ça et je sais que j'ai les capacités pour me débrouiller.

— Oui, seulement on ne parle pas ici de la réalité des gens ou de la réalité de la vie, mais de la tienne.

— C'est juste que je ne sais plus où je vais. J'ai perdu mon gouvernail. Je m'en vais dans toutes les directions et je me rends malheureuse.

— Il y a quelque chose que tu n'as pas compris, quelque chose que tu dois libérer. Tu aurais dû m'appeler avant, Marie-Claude.

— Mais, Marie Pauline, comment peux-tu penser que je vais me déplacer à Blainville pour une séance quand il faut que je prenne un rendez-vous pour aller aux toilettes ?

Marie Pauline rit de bon cœur. Moi, j'ai mal au dos assise sur la banquette du resto, je suis tiraillée et pas bien du tout.

— As-tu du temps ?

Ça y est. On va faire une séance au resto.

— Ça n'a aucun sens. Pauvre Marie Pauline qui vient luncher et se retrouve à faire une séance.

— Penses-tu vraiment que ça me dérange une minute ?

— Non, je sais.

— Alors, as-tu un papier et un crayon ?

Je fouille dans mon sac à main et je déniche le texte qui a servi au tournage des capsules du *Défi Santé*, l'envers de la feuille est blanc et j'ai un crayon. Les séances de Marie Pauline commencent toujours avec une feuille de papier blanc.

— Alors, Marie-Claude, je vais te dire un mot et tu vas me répondre ce qui te vient immédiatement à l'esprit. Argent ?

— Responsabilité, stress.

— Si je te dis stress…

— Poids, obligation, insécurité.

— Insécurité ?

— Malheur, panique.

— Quelqu'un qui est paniqué, il se sent comment ?

— Impuissant, pas libre, emprisonné, démuni, pas en contrôle.

— Pas en contrôle, tiens, tiens… Quelqu'un qui n'est pas en contrôle, Marie-Claude, il est comment pour toi ?

— Pas efficace, pas productif, pas en mesure de performer.

— Et quelqu'un qui n'est pas productif, pas efficace, il est comment ?

Là, c'est chaque fois le moment où je ne sais plus quoi dire à Marie Pauline. J'ai toujours l'impression quand elle fait ses feuilles qu'elle me pousse à dire des choses que je ne sais même pas. Il me semble que je n'ai rien d'autre à ajouter. Quelqu'un qui n'est pas productif, il est comment ? Je ne sais pas trop, alors je réponds :

— Il est mis de côté, seul, en désarroi, son monde s'écroule et il se retrouve perdu.

Ça n'a pas trop de sens, mais c'est ce qui sort de ma bouche.

— Maintenant, j'aimerais que tu me dises comment tu te sens présentement.

— J'ai l'impression que tout me tombe dessus, que je suis constamment en situation de survie et qu'il faut que je me défende du mieux que je peux. Dans le fond, je me sens comme si j'étais dans un jeu vidéo. Je suis attaquée, je réussis à passer un niveau, mais le suivant est encore plus difficile et il n'y a jamais de repos. Je suis toujours au front, toujours sur le qui-vive, il faut que je performe en tout temps, dans mon travail, dans ma vie. C'est stressant, c'est pesant et je suis épuisée. Pourtant il n'y a plus de drame, plus de maladie, plus de cancer, plus de mort imminente. Je pensais que la vie serait plus facile maintenant, mais on dirait que c'est pire.

— C'est parce que tu arrives au noyau. C'est comme une pelure d'oignon. Tu as pelé pendant des années et là tu arrives au noyau. C'est pour ça que ta vie te semble insupportable, tu arrives au fond des choses.

— Mais je sais que tu sais qu'on va arriver au même point toi et moi dans notre séance et, Marie Pauline, ils sont partis tous les deux. Ça ne se peut pas que je porte encore tout ça !

— Attends, laisse-nous y arriver. Alors, tu disais que tu étais en guerre constamment.

— Oui, je me sens victime en même temps. J'ai l'impression que c'est à moi de tout régler tout le temps. Il faut toujours que je sois forte.

— Est-ce que ça t'écœure ?

— Bien sûr que ça m'écœure. C'est trop pour moi à gérer. Je suis dépassée par les événements et c'est décourageant de voir que je me retrouve avec tout ça sur les épaules. Ça me rend tellement insécure. J'ai peur, je suis toute seule et c'est trop pour moi. Je sens que personne n'est là pour s'occuper de moi.

— Alors, ma belle Marie, écoute bien ce que je vais te dire et réfléchis pour savoir à quel moment dans ton enfance tu as senti que tu étais dépassée par les événements, c'était trop pour toi à gérer, tu étais en désarroi et tu te sentais seule sans personne pour s'occuper de toi. Tu te disais que tu devais performer et garder le contrôle et tu n'avais pas d'autre choix que de prendre les responsabilités sur tes épaules. En même temps, tu sentais que tout ton monde s'écroulait autour de toi et tu n'y pouvais rien. Tu t'es sentie malheureuse, paniquée, impuissante et mise de côté. Comme enfant, tu te sentais attaquée de tous côtés, sans jamais avoir de répit. La peur, le stress, le poids, la panique t'ont envahie à ce moment-là et tu as eu peur de perdre le contrôle. Tu t'es sentie comme une victime.

— C'était lors du divorce de mes parents.

— OUI, Marie-Claude! Tu as vécu un traumatisme intense à l'âge de cinq ans quand tu t'es rendu compte avec ta lucidité que ceux qui devaient assurer ta survie n'étaient pas en mesure de le faire. C'est un choc nerveux profond qui t'a complètement transformée, qui t'a enlevé ton enfance. Tu es devenue adulte à cinq ans, tu as pris des responsabilités, du stress d'adulte et tu ne t'en es plus jamais remise à personne. Tu n'as plus jamais accepté d'être vulnérable face à quiconque, tu n'as plus laissé personne s'occuper de toi parce que tu n'es pas capable de faire confiance.

— Mais on le sait déjà, ça, Marie Pauline. Comment ça se fait que je suis encore là-dedans après toutes ces années de travail sur moi?

— Parce que tu es prête à laisser aller.

— Mais j'ai déjà laissé aller. On se dit ça chaque fois.

— Ça peut prendre des années, Marie-Claude. Tu sais combien de temps il m'a fallu pour arriver à libérer le poids de ma relation avec ma mère? Combien de fois j'ai dû m'agenouiller et demander de l'aide? Ça se fait par étapes. Allons plus loin, parce que je pense que tu as besoin de comprendre vraiment. Si je te dis divorce, qu'est-ce qui te vient à l'esprit ?

— Échec.

— Et quelqu'un qui vit un échec ?

— Déception.

— Et la déception, c'est quoi ?

— Ne pas être à la hauteur.

— Ne pas être à la hauteur ! C'est ça ta peur fondamentale. Parce que si tu n'es pas à la hauteur, tu ne seras plus aimée, donc tu ne pourras plus vivre.

Au moment où Marie Pauline me dit cette phrase, je pousse un long soupir. Ne pas être à la hauteur. C'est ce qui me pousse à travailler comme une défoncée, à performer dans toute situation, à toujours dire oui, à accepter d'évoluer dans un domaine dur où on me manque souvent de respect. La peur de ne pas être à la hauteur me fait prendre sur mes épaules des responsabilités qui ne sont pas les miennes et me pousse à satisfaire les attentes des autres avant les miennes.

— Maintenant que mes parents sont partis, ça se traduit dans mon travail. Mon déséquilibre se transpose dans ma vie professionnelle.

— Mais c'est sûr ! Il n'y a plus rien d'autre pour te garder occupée. Faisons un autre exercice : si je te demande de me dire ce que tu aimes le plus de ton métier ?

— Facile. La communication, la créativité, avoir du plaisir et en donner, transmettre de la bonne humeur, de l'espoir, inspirer et être inspirée, entrer en relation avec les autres, divertir, transmettre un contenu, informer. J'aime inventer des projets et les réaliser. J'aime travailler en équipe vers un but commun.

— Et dans le travail d'équipe, qu'est-ce qui doit être présent pour que ce soit enrichissant pour toi ?

— L'harmonie, le respect, le plaisir, le rire, la spontanéité, l'authenticité, le sentiment de réalisation.

— Alors, il faut que dans tout projet que tu acceptes tu retrouves TOUS ces éléments. Il faut que ce soit ton guide. Pour que Marie-Claude Savard dise oui à quelque chose, il faut que tous ces critères soient remplis.

Je ne sais pas comment décrire les émotions qui ont déferlé sur moi à ce moment précis, mais tout ce que je peux dire c'est que ma vie a changé. Un ancrage profond s'est installé en moi. J'ai compris avec mon cœur que les peurs que j'avais achetées comme vérité dans mon enfance me poussaient à faire des choix qui n'étaient pas bénéfiques pour moi et qui ne me permettaient pas de me réaliser pleinement comme être humain, comme femme.

Ma peur de ne pas être à la hauteur me manipulait comme une marionnette. Pourtant, je suis à la hauteur, et comment ! Je suis quelqu'un qui a le droit de choisir, de dire non. Et si je dis non, ça ouvrira la porte à autre chose et ce sera pour les bonnes raisons.

J'avais toujours compris rationnellement tous ces concepts, mais pas avec mes tripes ni avec mon cœur. Ce que je croyais être les bonnes raisons était en fait ma peur déguisée de ne pas être à la hauteur.

AVRIL 2011

Il y a un an, j'ai perdu une grosse partie de mon identité. C'est un immense morceau de moi qui est parti avec ma mère. Je commence à peine à trouver des repères. Le vide est cruel et sans fin. Dans quelques heures, j'animerai *Le Défi des champions* en direct à TVA. J'aurais voulu qu'elle me voie continuer à réaliser mes rêves. Bien sûr, je sais qu'elle est là encore. C'est vrai que je la sens présente, mais je sens aussi son absence. Aujourd'hui, je revis la douleur de la séparation. Je la sens au plus profond de mes entrailles. Oui, il y a une partie de moi qui est soulagée, qui renaît en quelque sorte depuis son départ. J'ai maintenant le temps de m'occuper de moi, de vivre ma vie. Je n'ai plus de regrets aujourd'hui. J'ai bien fait de la laisser partir rapidement, je n'avais pas le choix, de la même façon que je n'ai pas d'autre choix que d'avancer et d'honorer sa mémoire en défaisant les nœuds de notre histoire commune. Elle s'est libérée dans la mort, je me libère dans la vie.

Ma mère avait le couteau de son enfance planté dans la gorge, peut-être même davantage dans ses poumons, comme sa mère avant elle. Moi aussi, j'ai passé le plus clair de ma vie avec le même couteau à travers la gorge. Aujourd'hui, je me demande pourquoi traîner sans cesse les blessures d'enfance… Je vois plein de gens autour de moi qui se définissent par leur passé, leur enfance. N'est-il pas temps de guérir pour découvrir qui nous sommes vraiment?

Je n'ai pas encore fini de me libérer des émotions attachées au divorce de mes parents, à l'abandon de mon père, à son alcoolisme et à l'incapacité de ma mère de s'occuper adéquatement de moi. Je suis encore et toujours cette petite fille qui est devenue adulte à cinq ans, stressée à six ans, enragée à douze et carrément déprimée à quinze ans. Je suis encore celle qui a sombré au plus profond des ténèbres pendant des mois pour ressortir vivante. À seize ans, quand j'ai quitté le foyer familial pour commencer ma vie, je croyais avoir surmonté toutes les difficultés du monde. Je croyais repartir à neuf, plus forte et plus indépendante que jamais. Je me suis reprise en main, j'ai réussi des études, puis décroché un emploi. Contre toute attente, j'ai eu du succès au travail au point de faire carrière à la télé. Lorsque j'ai gagné mon premier Métrostar en 2005, je croyais avoir gravi l'Everest. Je n'avais même pas entamé le mont Saint-Bruno! J'avais mis de côté mon passé pour me tourner vers l'avenir. J'avais raisonné, «thérapeutisé» mon histoire au point de croire que j'avais tout laissé derrière moi, comme une ancienne vie. Aujourd'hui, je comprends que c'est possible, mais certainement pas souhaitable. Il m'a fallu au contraire me réconcilier avec le passé, retourner en arrière, rendre visite à la petite fille de cinq ans, terrorisée dans la cuisine de sa maison d'enfance, à Laval, alors que tout est en train d'imploser dans sa vie. J'avais besoin d'aller à sa rencontre et de comprendre, et surtout de sentir les mécanismes de survie de mon enfance. Des mécanismes tout à fait appropriés en 1976, mais pas en 2011. Dans ma vie adulte, je n'ai jamais fait complètement confiance à quiconque jusqu'à maintenant. J'ai traîné et répété mes blessures d'abandon et ça m'a empêchée d'être libre, d'être moi-même et d'entrer en relation avec les autres. Il fallait retourner en arrière et exorciser l'enfance. Tous les jours, à travers les joies et les peines, j'en apprends un peu plus sur moi et, ce faisant, sur ma mère et sa mère, et ces générations de femmes dans ma lignée qui ont étouffé leur nature profonde. Cet héritage s'arrête avec moi, je ne le transmettrai plus.

Un nouveau jour se lève. Je comprends qu'être indépendante est une qualité, mais dans mon cas c'est aussi une façon de me couper des autres. Je comprends aussi que la force, c'est accepter d'être vulnérable. Je comprends aujourd'hui que l'estime de soi ne se bâtit pas à coups de succès et d'admiration, mais de douceur, de pardon et d'acceptation. C'est à travers la maladie et la mort que je l'ai finalement compris. Aujourd'hui, je sais que la mort est en fait le début de l'histoire pour ceux qui restent.

La vie me le rend déjà au centuple. Je me suis séparée de mon conjoint peu après ma dernière séance avec Marie Pauline. Nous avions terminé notre bout de chemin ensemble. Je lui serai toujours reconnaissante d'avoir fait tout ce qu'il était en mesure de faire pour moi pendant les épreuves que j'ai traversées, mais il était temps pour nous de vivre autrement.

Dans quelques semaines, je quitte *Salut Bonjour* et, pour la première fois de ma vie, je ne ressens pas d'angoisse profonde face au vide. Du stress, oui. Des doutes? Par moments. Je me questionne sur les choix à faire, mais ça n'a rien à voir avec le sentiment de peur intense que j'avais connu jusqu'à maintenant. J'accepte de laisser les autres entrer, je demande de l'aide quand j'en ai besoin. J'affronte ma peur d'être vulnérable en acceptant de l'être, et c'est le plus beau cadeau du monde. Je me sens totalement alignée sur ma vérité et je ne peux plus imaginer vivre différemment. Je suis allergique aux faux-semblants et c'est étonnant de voir avec quelle facilité j'exprime aujourd'hui mes états d'âme les plus profonds dans le respect des autres et de moi-même. Je n'accepte plus de me faire violence pour les autres.

Je suis orpheline, mais plus jamais seule au monde.

REMERCIEMENTS

D'abord et avant tout à Louise, Jean, Charlotte, Benoît, André et Jeanne, mes anges gardiens là-haut. Marie Pauline, pour toute ta sagesse, ta générosité et ta grandeur d'âme. Valérie, ma sœur spirituelle. Pour le rire, l'amitié et le soutien indéfectible : Robbie, Karine, Brigitte, Julie, Ginette, Sophie, Isabelle, Alexandra et Denyse. Christian, pour toutes ces années de vie partagées. Claude Bédard, qui me guide aujourd'hui comme mon père aurait voulu le faire. Walter, pour l'amitié envers Louise dans sa dernière année. Jean-Martin, pour les chapitres à venir…

Suivez les Éditions Libre Expression
sur le Web :
www.edlibreexpression.com

Cet ouvrage a été composé en Adobe Caslon Pro 12,25/15,3
et achevé d'imprimer en novembre 2011 sur
les presses de Imprimerie Lebonfon Inc., Val-d'Or, Canada

procédé   30 % post-   archives
sans   consommation   permanentes
chlore

Imprimé sur du papier 30% recyclé.